Ausgesondert
Stadtbibliothek
Wolfsburg

*Handbuch
Lederarbeiten*

Handbuch Lederarbeiten

Valerie Michael

Taschen
Mappen
Börsen
Masken
Gürtel

Verlag Th. Schäfer · Hannover

© 1993 für die englische Originalausgabe
»The Leatherworking Handbook«
bei Valerie Michael und Cassell & Co, London, England

Deutsche Ausgabe:
© 2004 Verlag Th. Schäfer in Vincentz Network, Hannover
»Handbuch Lederarbeiten«
Übersetzung: Waltraud Kuhlmann, Bad Münstereifel-Kirspenich
Fachliche Beratung: Christian Schaefer, Euskirchen-Flamersheim;
Barbara Clemens, Bad Neuenahr
Lektorat: Anette Stein, M.A.
Satz: topLetter, Seelze
Printed and bound in China

ISBN 3-87870-711-8
Best.-Nr. 9121

Die redaktionelle Bearbeitung dieses Buches wurde nach den alten Rechtschreibregeln vorgenommen. Der Verlag folgt somit *nicht* der Neuregelung der deutschen Rechtschreibung vom 1. August 1998.
Die Herausgeber haben sich bemüht, die in diesem Buch aufgeführten Anleitungen richtig und zuverlässig darzustellen. Sie übernehmen jedoch keine Verantwortung für eventuell entstehende Schäden, Verletzungen oder Verlust gegenüber Personen und ihrem Eigentum, seien sie direkt oder indirekt entstanden.
Die Vervielfältigung dieses Buches, ganz oder teilweise, ist nach dem Urheberrecht ohne Erlaubnis des Verlages verboten. Das Verbot gilt für jede Form der Vervielfältigung durch Druck, Kopie, Übersetzung, Mikroverfilmung sowie die Einspeicherung und Verarbeitung in elektronischen Systemen etc.

INHALT

6 Dank
7 Einleitung

9 Teil I

10 Was ist Leder?
10 Gerben
11 Rindleder
11 Felle

14 Die Werkstatt
15 Werkzeuge für Lederarbeiten
15 Werkzeugvorbereitung und -instandhaltung

22 Materialien
    Nähfäden
    Lederfarben
    Lederfinishs und -polishs
    Lederleime
    Innenfutter
    Verstärkungsmaterial

25 Metallbeschläge
    Schnallen
    Schlösser
    Verschlüsse
    Ringe
    Metallbeschläge vorbereiten

27 Teil II

28 Entwurf und Zuschnittschablonen
    Der Auftrag
    Der Zuschnitt

31 Färben und Zurichten
    Färben
    Zurichten

34 Lederkantengestaltung
    Schnittkanten
    Bugkanten
    Einfaßkanten
    Kedernähte

40 Schärfen oder Verdünnen, Spalten und Hohlkehlen schneiden

44 Verleimen

46 Das Nähen von Hand
    Der Sattlerstich
    Der Schrägsteppstich
    Der Schrägstich
    Der Hinterstich

57 Einsätze
    Einteiliger Einsatz mit Schnittkante
    Dreiteiliger Einsatz mit Schnittkante
    U-förmiger Einsatz mit Schnittkante
    U-förmiger Einsatz mit gesteppter Bugkante

60 Innentaschen
    Flache Taschen
    Taschen mit einem Einsatz
    Herabhängende Taschen

62 Schlösser, Schnallen und Verschlüsse anbringen
    Schlösser
    Schnallen
    Verschlüsse

68 Riemen und Griffe
    Schulterriemen
    Griffe

72 Formen und Oberflächenverzierung

77 Teil III

78 Projekte für den Anfänger
    Gürtel
    Geldbörse
    Maske

86 Mittelschwere Projekte
    Brieftasche
    Überschlagtasche
    Kleine Aktentasche

96 Projekte für Fortgeschrittene
    Schrägsteppstichtasche
    Geformte Schultertasche
    Quiltgürtel
    Große Schultertasche

116 Glossar
117 Lieferanten
118 Adressen
118 Literatur
119 Museen
120 Stichwortverzeichnis

Dank

Danken möchte ich allen, die mir beim Schreiben dieses Buches praktische und moralische Unterstützung zukommen ließen. Insbesondere danke ich Neil MacGregor für die Prüfung meines Manuskripts und für seine Verbesserungsvorschläge. Mein Dank geht auch an Brian Ainley für die Geduld, mit der er die Schwarzweißfotos aufgenommen hat, an Lynne Castell für die Sorgfalt und Genauigkeit, mit der sie meine Entwurfsskizzen in verständliche Werkzeichnungen umgewandelt hat, und an Martin Green, der den größten Teil der Farbfotografien gemacht hat. Besonderer Dank gilt Duncan dafür, daß er sich alleine beschäftigt hat, wenn ich schreiben mußte.
Ich widme dieses Buch meinen Eltern.

Einleitung

Ich habe dieses Buch geschrieben, um all denen, die an der Fertigung handgenähter Lederwaren interessiert sind, einen praktischen Leitfaden an die Hand zu geben. Alle enthaltenen Informationen und Tips beruhen auf meiner 20jährigen Erfahrung als freischaffende Designerin und Handwerkerin. Ich möchte Sie inspirieren, sich mit diesem faszinierenden Handwerk zu befassen. Wenn Sie bereits mit Leder gearbeitet haben, möchte ich Sie dazu anregen, sich auch an ausgefallenere Stücke heranzuwagen.

Das Buch ist in drei Hauptteile gegliedert und enthält am Schluß Listen mit Lieferanten, nützlichen Adressen, Museen und Literaturhinweisen. Im ersten Teil werden die benötigten Materialien und Werkzeuge beschrieben. Die Kapitel gehen darauf ein, wie Leder und insbesondere Vegetabilleder – pflanzlich gegerbtes Leder – gemacht, verkauft und letztlich verwendet wird. Daneben erläutere ich alle sonstigen erforderlichen Materialien. Der Werkstattplan stellt ein Idealmodell dar – gezeigt wird ein Raum, der mir gefiele, wenn ich mit dem Lederhandwerk beginnen würde. Eine Liste von Lederwerkzeugen soll Ihnen einen Überblick über die nützlichsten Handwerkszeuge, die Sie sich zu Anfang zulegen sollten, geben. Darüber hinaus werden auch Werkzeuge aufgeführt, die Sie eventuell erst später, bei fortgeschrittener Praxiserfahrung benötigen.

Der zweite Teil des Buches enthält wertvolle Hinweise und Anleitungen für die praktische Arbeit. Neben vielen illustrierten Beschreibungen über das Arbeiten mit Vegetabilleder finden Sie hier Vorschläge zur Anfertigung, auf die Sie bei Ihrem eigenen Entwurf zurückgreifen können. Wenn Sie sich die Zeit nehmen, sich auf die Beherrschung der Techniken zu konzentrieren, werden Sie überraschende Ergebnisse erzielen. Es gibt immer etwas Neues zu erkunden. Seien Sie also bereit, mit ausgefallenen Lederarten, Farben und Formen zu experimentieren.

Der dritte Teil umfaßt zehn praktische Projekte, die in drei Gruppen gegliedert sind. Die ersten drei Projekte sind für Anfängerinnen und Anfänger gedacht. Sie sind aber auch für diejenigen geeignet, die bereits über einige Erfahrung verfügen. Anhand der Anleitungen soll der Anfänger die erforderlichen Grundtechniken, wie das Anfertigen von Zuschnittschablonen, den Zuschnitt, die Zurichtung der Schnittkanten, das Verdünnen, Nähen und das einfache plastische Formen des Leders, erlernen. Anschließend werden drei mittelschwere Projekte vorgestellt. Sie führen in das Schärfen, die Montage von Nieten und Schlössern, das Anbringen einfacher Riemen und Griffe und das Arbeiten von Innentaschen und Einsätzen ein. Die letzten vier Projekte sollten Sie erst dann angehen, wenn Sie beim Arbeiten mit Leder bereits einige Erfahrung gesammelt haben. Jedes dieser Projekte vermittelt eine andere Fertigkeit.

Für den Laien stellt es immer ein Problem dar, Rohmaterialien von zuverlässig guter Qualität zu bekommen, und auch für den professionellen Lederhandwerker gestaltet sich dies nicht viel einfacher. Im Anhang des Buches finden Sie deshalb eine Liste mit Lieferanten. Handelt Ihr Lieferant nur mit großen Chargen, sollten Sie versuchen, jemanden zu finden, der sich mit Ihnen eine Bestellung teilt. Für qualitativ hochwertiges Leder und Beschläge lohnen sich diese zusätzlichen Bemühungen und Kosten.

Teil I

1 Was ist Leder?

Leder ist mehr als nur die Haut eines toten Tieres. Es ist ein von einem Gerber hergestelltes Produkt. Sobald ein Tier Teil der Nahrungskette wird, wird die Haut zu einem Abfallprodukt, welches man wegwerfen und verwesen lassen könnte. Durch die Bearbeitung wird sie statt dessen zu einem flexiblen, taktilen Material mit vielfachen Nutzungsmöglichkeiten.

Lederhandwerker wissen die besondere Beschaffenheit des Leders bereits seit vielen Generationen zu schätzen, doch erst mit dem Aufkommen der Mikroskopie wurde die Anatomie dieses Materials entdeckt und sein Geheimnis gelüftet. Aus Sicht des Lederhandwerkers ist der wichtigste Teil einer tierischen Haut das Corium oder die Lederhaut (Abb. 1). Sie besteht zum größten Teil aus Eiweißkollagen, dessen Fasern zu »Bündeln« zusammengefaßt sind. Die dreidimensionale, netzartige Verflechtung dieser Faserbündel innerhalb der gesamten Dicke der Haut verleiht dem Leder seinen einzigartigen Aufbau und seine Anpassungsfähigkeit. In der Mitte des Coriums befinden sich die größten Bündel, zur Oberfläche des Narben hin werden die Fasern feiner und sind dichter verflochten. Die Anordnung der Faserbündel und ihre Fähigkeit, sich infolge von Spannung und Dehnung zu bewegen, verleihen dem Leder seine charakteristischen Eigenschaften – seine Flexibilität, Festigkeit, Elastizität, Dehnbarkeit und seine Atmungsaktivität. Durch Untersuchungen des Fasergefüges haben Gerbereichemiker herausgefunden, wie der Faserwinkel – der Winkel, in dem die Fasern verflochten sind – verändert werden kann, um unterschiedlichste Lederarten zu produzieren, die für eine Vielzahl von speziellen Anwendungen geeignet sind.

Gerben

Beim Gerben wird aus tierischer Haut ein chemisch und biologisch stabiles Material hergestellt, wobei das ursprüngliche Fasergefüge mehr oder weniger erhalten bleibt. Es handelt sich um einen Prozeß, bei dem tierische Haut – ein hochkomplexes Naturprodukt – in ein veredeltes Material mit unzähligen Nutzungsmöglichkeiten umgewandelt wird.

Für das Gerben müssen die Häute und Felle in zahlreichen Arbeitsschritten vorbereitet werden. Diese umfassen die Enthaarung und die Entfernung der Epidermis von oben, das sogenannte Kälken, und die Entfernung der Fleischschicht von unten, das sogenannte Entfleischen. Die zurückbleibende mittlere Schicht, das Corium, wird zu Leder verarbeitet.

Gerbmethoden, bei denen man Rauch, Tierfette und Fischtrane sowie Alaunsalze (Weißgerbung) verwendet, werden noch heute, wenn auch nur in geringem Umfang, weltweit angewandt. Die beiden heute gebräuchlichsten Gerbmethoden sind die Chromgerbung und die Vegetabilgerbung.

Chromgerbung

Die Chromgerbung wurde gegen Ende des neunzehnten Jahrhunderts entwickelt. Dabei werden Häute und Felle in Fässern mit Chromsalzlösung und anderen speziellen Chemikalien gewalkt, bis die Gerbung abgeschlossen ist. Eine geringe Fellmenge kann man bereits in wenigen Stunden gerben, die Gerbung einer Kuhhaut dauert einen Tag. Das meiste Schuh-, Bekleidungs- und Polsterleder wird heute nach dieser Methode produziert.

Chromleder zeichnet sich durch geringes Gewicht und hohe Zugfestigkeit aus. Durch Fettung wird es zudem hydrophobiert, d. h. wasserdicht gemacht. Jüngste Fortschritte in der Chromgerbung haben dazu geführt, daß Leder wie Stoff fällt und in phantastischen Farben hergestellt werden kann. Für die in diesem Buch beschriebenen Arbeitsgänge ist Chromleder jedoch nicht das geeignete Material, da es zu

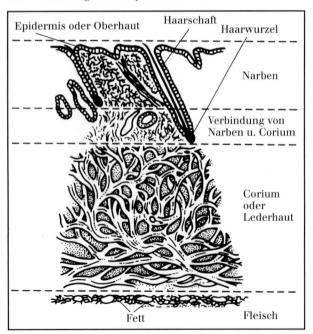

Abb. 1 Stark vergrößerter Querschnitt durch ein Stück Haut

weich und zu zügig ist. Chromleder wurde entwickelt, um auf die Geschwindigkeit maschineller Massenproduktion reagieren zu können und die Einsatzbereiche zu vergrößern. Es zeichnet sich durch eine höhere Reißfestigkeit, eine bessere Lichtechtheit und ein feineres Narbenbild aus.

Vegetabilgerbung

Bei der Vegetabilgerbung wird aus zerkleinerter Baumrinde, Zweigen und Blättern eine Lösung hergestellt, die man Gerbflotte oder Gerbbrühe nennt und die mit Wasser aufgegossen wird. In diese Brühe werden die Felle oder Häute getaucht. Man hängt sie entweder in Gruben oder walkt sie in Fässern, bis die Gerbung abgeschlossen ist. Damit Leder von gleichbleibender Qualität produziert wird, muß die chemische Zusammensetzung der Gerbbrühe vom Gerber sorgfältig überwacht werden. Zu den gebräuchlichsten Vegetabilgerbstoffen zählen Eichen-, Hemlock-, Mangroven-, Malett- (eine Eukalyptusart), Birken-, Lärchen- und Kiefernrinde sowie Kastanienholz-, Mimosen-, Quebracho- (ein südamerikanischer Baum), Myrobalane- (die Frucht eines indischen Baums) und Valoneaextrakte (der Fruchtbecher immergrüner Eichen aus Kleinasien und Griechenland) sowie die Blätter und Zweige des Sumachs. Die Wahl des Gerbstoffs ist nicht nur ausschlaggebend für die Dauer des Prozesses, sondern auch für die Eigenschaften und die Farbe des Leders, seine Dichte, Flexibilität sowie die Leichtigkeit, mit der es sich schneiden läßt.

Bei der traditionellen pflanzlichen Gerbung wird die Grubengerberei angewandt. Die Häute werden im Farbengang in mehrere Gruben gehängt oder gelegt, die Gerbbrühen enthalten. Die Gruben sind so angeordnet, daß die Haut zunächst mit einer abgearbeiteten, dünnen Gerbbrühe in Berührung kommt. Mit fortschreitender Gerbung der Fasern wird sie dann allmählich stärkeren Brühen mit steigender Gerbstoffkonzentration ausgesetzt, bis die Gerbung abgeschlossen ist. Dieser Prozeß kann bei mit Eichenlohe gegerbtem Schuhsohlleder bis zu einem Jahr dauern und bei 3 mm starkem Portefeuilleleder drei Monate. Während des Prozesses durchwandern die Häute und die Gerbbrühe die Gerberei in gegenläufiger Richtung (Abb. 2). Da die Brühenstärke der sich in der letzten Grube befindlichen hochkonzentrierten Endbrühe abnimmt, wird sie unter allmählicher Reduzierung ihrer Konzentration von Grube zu Grube bis zur ersten Grube zurückgepumpt.

Die wertvolle dünne Anfangsbrühe in der ersten Grube ist nicht narbenziehend und gerbt und färbt die Häute nur leicht. Sie ist stark säurehaltig, wodurch die Fasern anschwellen und das Tannin in sie eindringen kann. Obgleich sie den Gerbprozeß verlangsamt, ermöglicht sie, daß die Lohe rasch gebunden wird. Dadurch wird das Leder fester, d. h. standiger. Sind die Gerbflotten in den ersten Gruben zu stark, wird die Oberfläche der Haut zu schnell gegerbt, und die Gerbung ist unregelmäßig, was zu »Totgerbung« und Brüchigkeit führt.

Die meisten pflanzlich gegerbten Felle und eine steigende Anzahl von Häuten werden heutzutage in

Abb. 2 Häute und Gerbbrühe, die im Gegenstromverfahren die Gerberei durchwandern

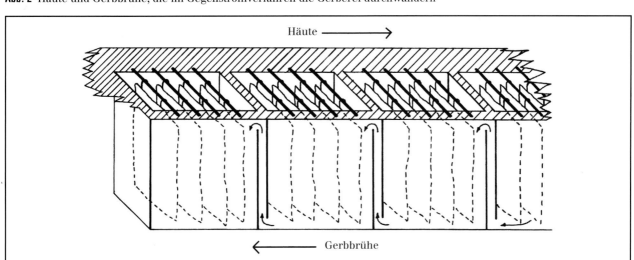

großen Fässern gegerbt. Mit der Faßgerbung erzielt man wesentlich schnellere Ergebnisse, allerdings kann die mechanische Bewegung des Fasses die Narbenoberfläche der Haut beschädigen. Auf diese Weise gegerbtes Leder neigt dazu, leichter und »mürber« (weicher) zu sein als grubengegerbtes Leder.

Je nach Gerbmethode und Gerbstoff entsteht ein Leder mit jeweils spezifischen Eigenschaften. Die in diesem Buch beschriebenen Techniken und Werkstücke machen sich die Eigenschaften und das kreative Potential vegetabil gegerbten Leders zunutze. Die in den folgenden Kapiteln erklärten Abläufe wurden aus der Arbeit mit Vegetabilleder entwickelt und die illustrierten Projekte des dritten Teils für die Verwendung solchen Leders entworfen. Es ist nicht ganz leicht, die Wirkung von Vegetabilleder zu beschreiben; seinen Geruch, das Gefühl, das es hinterläßt, wenn man mit den Fingern über seine Oberfläche streicht, die Art, wie es sich mit der Zeit und bei Gebrauch biegen läßt und verfärbt – es gibt kein anderes Material wie dieses!

Rindleder

In den meisten Fällen werden Sie Rindleder verwenden. Am hochwertigsten ist das sogenannte Vollnarbenleder, dessen Oberfläche nicht korrigiert, d. h. geschliffen wurde. Jedes Leder hat Oberflächenmerkmale, die zu seinem Charakter beitragen, und beim Zuschnitt hat man die Möglichkeit, offene Schnitte, tiefe Risse und Löcher zu vermeiden. Vollnarbenleder ist jedoch zunehmend schwieriger zu beschaffen, da man dazu übergegangen ist, die Narbenoberfläche zur Entfernung jeglicher Fehler im Leder zu schleifen. Leider macht das Schleifen die Lederoberfläche stumpf und entfernt das Narbenbild. Zudem führt es beim Färben zu Problemen.

Häute sind auch in natureller Form erhältlich. In diesem Fall spricht man von Fahlleder; ebenso gibt es vorgefärbtes und verarbeitungsfertiges Leder. Wenn Sie Leder kaufen, sollten Sie stets versuchen, den Lieferanten persönlich aufzusuchen, statt das Risiko einzugehen, ein Stück aus dem unteren Teil des Häutestapels gesendet zu bekommen. Weiß der Lieferant

Umrechnungstabelle für Lederstärken

Millimeter	Inch	Unze*	Iron**
0,4	1/64	1	3/4
0,8	1/32	2	1 1/2
1,2	3/64	3	2 1/4
1,6	1/16	4	3
2,0	5/64	5	3 3/4
2,4	3/32	6	4 1/2
2,8	7/64	7	5 1/4
3,2	1/8	8	6
3,6	9/64	9	6 3/4
4,0	5/32	10	7 1/2

* In den USA wird Leder in Unzen gemessen.
** Schuhsohlleder wird in Iron gemessen.

Aufteilung einer Kuhhaut

Aufteilung einer Haut	Eigenschaften	Stärke in mm und Verwendungsmöglichkeiten					
		1,5	2	2,5	3	3,5	4
Doppelcroupon	Die beste und teuerste Fläche; kräftig, festes Fasergefüge		Taschen	Koffer Dosen und Kassetten	Gürtel		
Doppelhecht	Doppelcrouponfläche plus Hals		Taschen	Dosen und Kassetten	Gürtel		
Hals	Loses und ungleichmäßigeres Fasergefüge als im Doppelcroupon; interessantes Wuchsbild (Halsriefen) auf der Oberfläche		Taschen	Koffer Dosen und Kassetten			
Hälfte	Eine halbe Haut	Masken	Taschen	Koffer	Dosen und Kassetten		
Bauch oder Flanke	Loses Fasergefüge, ungleichmäßige Stärke, zügig	Masken und zum Formen					

Was ist Leder?

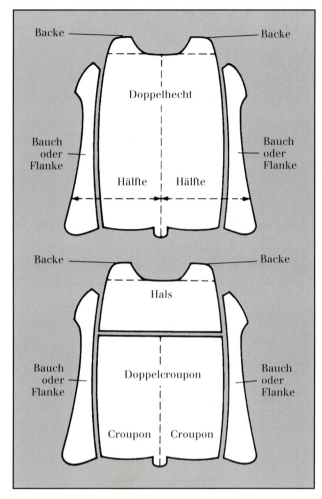

Abb. 3 Aufteilung einer Kuhhaut

erst einmal, daß Sie hohe Ansprüche an das Leder stellen, können Sie auch über Mail-Order kaufen, doch sollten Sie Leder minderer Qualität immer zurücksenden. Ist es trocken und gerissen, so hat die Person, die es versendet hat, dies garantiert auch bemerkt. (Eine Liste mit Lederlieferanten ist auf Seite 117 zu finden.) Sofern Sie nicht sehr großflächiges Leder benötigen – ganze Großviehhäute können bis zu 5,2 m² groß sein –, werden Sie Rindleder in der Regel in Teilen oder Stücken kaufen (Abb. 3).

Ideal für Anfänger sind Halsstücke, mit denen man ohne große Ausgaben gute Ergebnisse erzielen kann. Naturelles Fahlleder ist nicht teuer, muß allerdings in der Werkstatt gefärbt und zugerichtet werden. Die besten Häute werden für Sattelzeug und Pferdegeschirr verwendet. Sie sind gefärbt, geölt und mit Talg beschichtet. Wenn Sie also Sattlerleder für Lederwaren verwenden, müssen Sie die Oberfläche mit einem weichen Lappen abreiben. Können Sie vorgefärbte Haut von guter Qualität bekommen, ist diese ideal für Koffer oder Taschen verwendbar. Bauch oder Flanken eignen sich hingegen, auch wenn sie billig sind, nur für das Experimentieren oder für Formarbeiten.

Felle

Als Fell bezeichnet man die Haut von Kleintieren. Felle werden normalerweise nach Quadratfuß im Ganzen verkauft. Sie sind dünner als Häute und daher wesentlich leichter. Kleintierfelle verwendet man hauptsächlich für Kleinlederwaren, Innentaschen und Futter oder kombiniert sie mit Häuten für größere Taschen und Koffer.

Arten von Fellen und ihre Eigenschaften

Art	Eigenschaften	Stärke in mm	Verwendung
Kalb	Seidig, feste Oberfläche und festes Fasergefüge; mitunter mit maschinell gepreßtem Narbenbild	0,5–1,5	Quilttaschen und –gürtel; Brieftaschen und Geldbörsen; Futter und Innentaschen
Schwein	Charakteristisches Narbenbild durch Borstenstruktur; sehr kräftig und strapazierfähig	0,5–1,5	Taschen, Gürtel, Brieftaschen, Geldbörsen und Aktentaschen; Futter und Innentaschen
Ziege	Ausgeprägter Narben und loses Fasergefüge; leicht zu schärfen	1,0–1,5	Taschen, Geldbörsen, Brieftaschen und Bucheinbände
Zickel	In der Regel glänzende Oberfläche; feines, leichtes Leder	0,3–0,8	Kleine Taschen und Gürtel; gut geeignet als Futter
Schaf	Loses Fasergefüge mit stumpfem Narben; leicht zu färben	1,0–1,5	Lederschürzen, Bälge; Narbenspalt für Überzüge von Kassetten und zur Restaurierung

2 Die Werkstatt

Wichtig ist, daß Sie einen Platz zum Arbeiten haben. Eine helle, gut belüftete Werkstatt ist ideal, doch für den Anfang reicht auch eine Werkbank (Abb. 4). Sie sollte etwa hüfthoch sein, eine Fußschiene haben und vor einem Fenster stehen. Zum Sitzen benötigen Sie einen Schemel. Ordnen Sie Ihr Werkzeug in Reichweite rund um die Arbeitsbank an. Unter der Bank sowie an deren Seiten sollten sich möglichst Fächer zum Aufbewahren von Leder und Zuschnittschablonen befinden, und auch für Nähgarn, Nadeln usw. benötigen Sie Schubläden und Fächer. Für den Zuschnitt von Lederstücken legen Sie ein dickes Brett auf den Boden. Beabsichtigen Sie, mit Lederwaren Ihren Lebensunterhalt zu verdienen, so können Sie auf eine Werkstatt nicht verzichten (Abb. 5). Geeignet ist ein Raum von 5×5 m mit Tageslicht von zwei Seiten. Auf einem großen Schneidetisch in der Mitte des Raums können Sie das Leder, während Sie die Zuschnittschablonen auflegen, auch eingehend prüfen. Wenn möglich, sollten Sie eine Schneidunterlage in die Tischfläche einbauen. Unter dem Tisch können Sie Leder, Zuschnittschablonen und Reststücke aufbewahren. Werkbänke für die Konfektion, das Färben, Polieren und für Metallarbeiten können an den Wänden der Werkstatt angeordnet sein. Je nach Körpergröße sollten sie mindestens 75 cm tief und zwischen 75 cm und 1 m hoch sein. Sorgen Sie für genügend Stauraum in Form von Regalen und Schränken für Metallbeschläge, Nähgarn, Lederfarbe, Polishs und ihre fertigen Arbeiten. Fließendes Wasser, ein Kocher und ein Telefon ergänzen die Werkstatteinrichtung perfekt.

Werkzeuge für Lederarbeiten

Zu Beginn kommen Sie mit einigen wichtigen Werkzeugen aus (Abb. 6). Mit zunehmender Praxiserfahrung werden Sie allerdings feststellen, daß Sie zeitsparender arbeiten und bessere Ergebnisse erzielen, wenn Sie über ein größeres Werkzeugsortiment verfügen (Abb. 7). Die im folgenden aufgelisteten Handwerkzeuge werden jeweils unter Angabe ihres Verwendungszwecks kurz beschrieben. Die mit einem Stern (*) versehenen Werkzeuge sind unentbehrlich; Sie benötigen sie bereits, bevor Sie das Leder bearbeiten.

*Abziehstein**

Japanische Wassersteine schärfen sehr schnell und dabei sanft. Kombinationsölsteine sind aus einer groben und einer feinen Schicht zusammengesetzt. Lieferanten von Holzhandwerkszeugen haben eine Vielzahl von Abziehsteinen in ihrem Sortiment.

*Ahle**

Bevor das Leder von Hand genäht wird, sticht man mit einem Ahleisen die Löcher vor. Ahlen sind in Größen von 32 bis 90 mm im Handel. Sie werden sehen, daß Sie die meisten Arbeiten mit einem 57-mm-Ahleisen erledigen können. Die Ahleisen sind diamantförmig und verjüngen sich zu einer Spitze, mit der man das Leder leicht durchstechen kann.
Eine Anreißahle hat ein rundes, konisch zulaufendes Ahleisen und dient vor dem Zuschnitt dem Anreißen um die Schablonenkanten herum.
Ahlenhefte werden separat angeboten. Die besten bestehen aus Hartholz. Wählen Sie die Form des Heftes so aus, daß es angenehm in Ihrer Hand liegt. Das sich verjüngende Ende des Heftes sollte schmal sein. Ist dies nicht der Fall, beschädigt die Zwinge (der Metallring, der das untere Ende umfaßt) das Leder beim Nähen feiner Arbeiten. Wie man ein Ahleisen in ein Heft einsetzt, wird auf den Seiten 20–21 erklärt.

Abb. 4 Die Werkbank

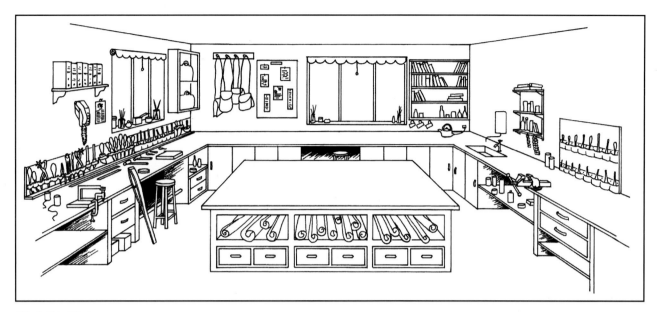

Abb. 5 Die Werkstatt

Durchstecheisen*

Mit diesem Metallwerkzeug markiert man die Position der Stiche. Es ist jedoch nicht dafür geeignet, das Leder ganz zu durchstechen. Jeder Zahn ist geschliffen und hat einen meißelförmigen Kopf in einem Winkel von ca. 45 Grad bezogen auf die Horizontale. Die Anzahl der Zähne an jedem Eisen ist abhängig von der Eisenbreite und der Anzahl der Stiche bezogen auf 2,5 cm. Das 2,5 cm breite Eisen der Größe 7 hat beispielsweise acht Zähne, das der Größe 8 hat neun Zähne und so weiter. Durchstecheisen sind in den Größen (d. h. Anzahl der Stiche bezogen auf 2,5 cm) 4–12 erhältlich.

Falzbein*

Mit diesem aus dem Buchbinderhandwerk bekannten glatten, polierten Stück Bein von 12,5 bis 20 cm Länge werden Nähte gefalzt und Kanten umbugt.

Glättholz

Glattes Formstück aus Buchsbaum, mit dem man die Narbenoberfläche naturellen Leders versiegelt und poliert.

Hammer*

Hämmer mit einem Kopf aus Rohleder oder Holz gebraucht man zum Schlagen der Metallwerkzeuge, da sie den Werkzeugschaft nicht beschädigen. Schuster- und Buchbinderhämmer haben breite, abgeflachte, runde Köpfe und sind ideal für das Abflachen von Nähten und Bugkanten.

Kantenzieher*

Mit dem Kantenzieher bereitet man dickes Leder durch Abrunden der Kanten zum Polieren vor. Er ist in den Größen 1–8 und mit flacher oder konkaver Unterseite (in letzterem Fall ist er hohlgeschliffen) erhältlich. Für die meisten Arbeiten eignen sich die Größen 1–3.

Kopierrädchen

Wird auch Prickmaschine genannt und ist ein kleines in einer Halterung montiertes Metallrädchen. Es wird wie das Durchstecheisen zum Markieren der Stiche benutzt. Nützlich ist es auch für die Fertigung lederüberzogener Schnallen.

Lederausheber*

Ein Lederausheber ist ein Nutwerkzeug mit U- oder V-förmiger Schneide, mit dem sich dünne Kerben aus dem Leder heben lassen. Wenn man ihn auf der Fleischseite benutzt, ist es leichter, das Leder sauber umzubiegen. Verwendet man ihn auf der Narbenoberfläche, kann man die Stiche versenken.

Leimklemmen*

Klammern dieser Art sind im Schreibwarenhandel erhältlich. Versehen Sie das Maul mit dünnen Lederauf-

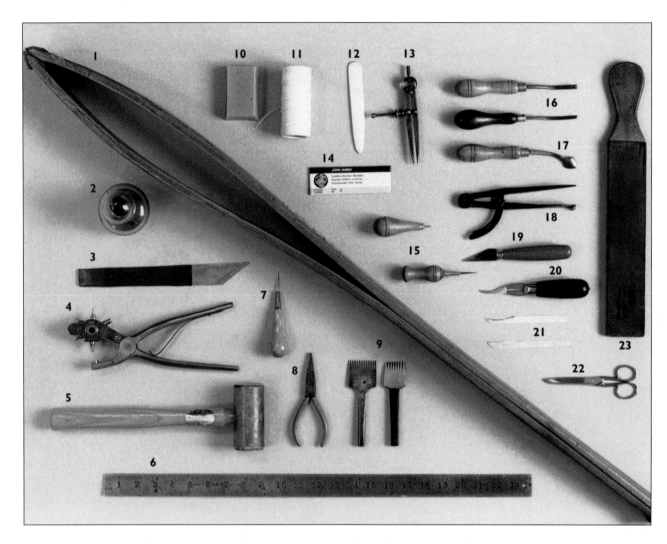

Abb. 6 Die wichtigsten Handwerkszeuge

 1 Nähkluppe
 2 Spirituslampe
 3 Schärfmesser
 4 Revolver-Lochzange mit 6 Pfeifen
 5 Rohhaut-Hammer
 6 Stahllineal
 7 Anreißahle
 8 Flachzange
 9 Durchstecheisen, Größe 7 und 8
10 Bienenwachs
11 Leinenzwirn
12 Falzbein
13 Stechzirkel
14 Sattlernadeln
15 Stechahlen
16 Kantenzieher
17 einfaches Reifeleisen
18 Reißzirkel
19 Messer
20 Zuschneidemesser
21 Ersatzklingen für das Zuschneidemesser
22 Schere
23 Streichriemen

lagen, und klemmen Sie damit beim Leimen die Kanten zusammen.

Locheisen

Locheisen sind röhrenförmige Werkzeuge aus Metall, mit denen man Löcher stanzt. Ein ovales Loch in einem Riemen sorgt dafür, daß der Schnallendorn flach liegt und verringert die Spannung. Mit dem Kapplocheisen schneidet man saubere Schlitze für Schnallen und Riemen.

Messer*

Das Messer wählen Sie nach der Stärke des zu schneidenden Leders, der Form der Schablonenteile und der Größe Ihrer Hand. Sie werden feststellen, daß für die meisten Arbeiten ein Schustermesser mit gekürzter Klinge leicht zu benutzen und zu schärfen ist. Wenn Sie runde Konturen oder kompliziert geformte Teile

Die Werkstatt

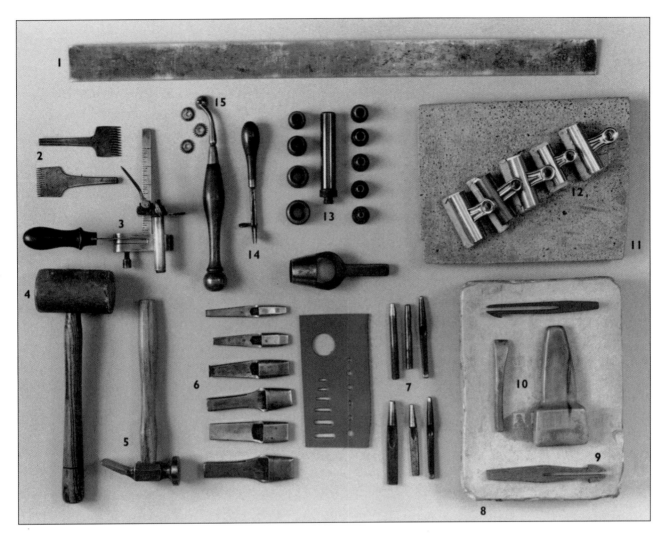

zuschneiden müssen, ist ein Zuschneidemesser mit gekrümmter Klinge vorteilhaft. Auch das geschärfte Blatt einer Bügelsäge läßt sich gut als Messer verwenden, aber denken Sie daran, den Teil der Klinge, den Sie in der Hand halten, zu umwickeln.

Nadeln*

Bis vor kurzem gab es Sattlernadeln mit stumpfer Spitze und ovalem Nadelöhr für das Nähen von Hand in 11 Größen im Handel. Heute gibt es sie nur noch in 7 Größen. Kleinere Mengen der Größen 5 und 6 kann man hier und da noch bekommen, Sie können aber mit Größe 4, die für alle gängigen Arbeiten geeignet ist, beginnen.

Nähkluppe*

Unentbehrlich für das Nähen von Hand ist die Nähkluppe oder der Nähkloben. Die besten ihrer Art be-

Abb. 7 Nützliche Werkzeuge

1 schweres Stahllineal
2 Durchstecheisen, Größe 9 und 10
3 Riemenschneidmaschine
4 schwerer Holzhammer
5 Schusterhammer
6 ein Satz Kapplocheisen
7 ein Satz ovale Locheisen und Rundlocheisen
8 Lithostein
9 Schlaufenklemme
10 Glätthölzer aus Buchsbaum
11 Korkunterlage
12 Leimklemmen mit Lederauflagen
13 ein Satz Stanzeisen und Schlaggriff
14 kleines verstellbares Reifeleisen
15 Kopierrädchen oder Prickmaschine mit diversen Prickrädchen

Abb. 8 Eine JB4-Lederschärfmaschine

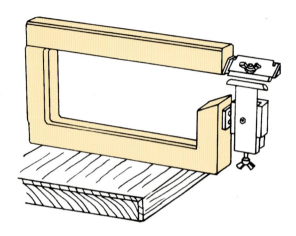

Abb. 9 Detail einer Schärfmaschine mit Amboß, Flügelmutter, Feststellschraube und Lage der Rasierklinge

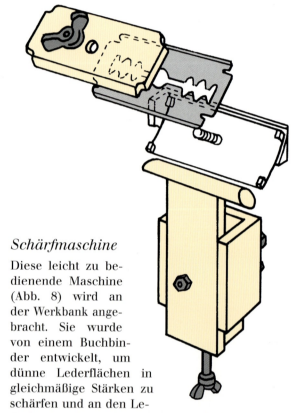

stehen aus Hartholz, wie Esche, Buche oder Eiche. Beim Nähen hält die Nähkluppe die Arbeit, so daß Sie die Hände für Ahle und Nadeln frei haben. Die Nähkluppe hält man zwischen den Knien.

Presse

Mit einer schweren gußeisernen Bankpresse, wie sie in der Buchbinderwerkstatt als Quetschpresse benutzt wird, bringt man Druck auf größere Flächen auf. Hilfreich ist sie beim Befestigen von geleimtem Futter und beim Pressen.

Reifeleisen*

Wenn das Reifeleisen erhitzt und fest in die Lederoberfläche gedrückt wird, hinterläßt es eine dünne Zierlinie. Das Reifeleisen wird auch Randabstandsmarkierer genannt und hauptsächlich an Kanten oder zum Markieren der Nahtbreite sich überlappender Nähte eingesetzt. Das einfache Reifeleisen ist am nützlichsten.

Revolver-Lochzange*

In einem Revolverkopf sind sechs runde Pfeifen in den Größen 1,6 bis 6,4 mm montiert. Am besten sind Pfeifen aus geschmiedetem Stahl.

Riemenschneidmaschine

Mit einer Riemenschneidmaschine werden Gürtel und Riemen geschnitten. Durch das Einstellen eines verschiebbaren Anschlags auf einer Skalierung wird die Streifenbreite festgelegt. Den Riemen schneidet man, indem man das rechts neben der Meßskala montierte Messer parallel zur Lederkante herunterdrückt.

Schärfmaschine

Diese leicht zu bedienende Maschine (Abb. 8) wird an der Werkbank angebracht. Sie wurde von einem Buchbinder entwickelt, um dünne Lederflächen in gleichmäßige Stärken zu schärfen und an den Lederkanten einen abgeschrägten Schnitt zu erzeugen. Die Schärfmaschine arbeitet mit einer normalen doppelseitigen Rasierklinge, die auf einem Amboß liegt (Abb. 9). Der Amboß ist zur Einstellung der Schnittiefe höhenverstellbar und läßt sich zur Erzeugung einer angefasten Lederkante kippen.

Schärfmesser*

Sie benötigen ein steilwinkliges Messer mit einer langen Schneide, die auf der einen Seite angefast und auf der Rückseite vollkommen flach ist. Mit dem Schärfmesser verdünnt man das Leder an den Kanten.

Schärfstein

Hierbei handelt es sich um einen zu einer länglichen Scheibe zugeschnittenen glatten Stein, wie er in der Lithographie verwendet wird - den sogenannten Solnhofener Kalkschiefer oder Lithostein. Der Lithostein ist ideal zum Schärfen von Messerklingen, da er sie nicht stumpf macht. Er hat eine glatte, polierte Oberfläche, die flachgeschliffen werden kann. Wenn Sie

Die Werkstatt

keinen Lithostein bekommen können, so können Sie statt dessen auch ein dickes Stück Flachglas oder Marmor verwenden.

*Schere**

Schneidunterlage

Auf einer Schneidunterlage für den Profi, deren Schneidfläche aus hirnholzverleimten Holzquadraten – vorzugsweise aus Lindenholz – besteht, werden Ihre Ledermesser nicht stumpf. Sie können sie in die Fläche Ihres Zuschneidetisches einbauen, und wenn sie verschlissen ist, wieder glatt schaben und mit Leinöl behandeln.

Schraubzwingen

Schraubzwingen sind Werkzeuge des Holzhandwerkers. Sie sind für das Befestigen der Schärfmaschine an der Werkbank und das Formen der Werkstücke nützlich.

Spaltmaschine

Ein gußeiserner Rahmen mit horizontal befestigtem Stahlmesser, mit dem man die Stärke von Lederriemen oder Einsätzen verdünnt. Die Maschinen gibt es mit den Messerbreiten 128 mm, 153 mm und 204 mm. Wenn das Messer nicht sehr scharf gehalten wird, ist es allerdings schwierig, Stücke durchzuziehen, die breiter als 10 cm sind.

*Spirituslampe**

Den mit Brennspiritus funktionierenden Brenner benutzt man, um Reifeleisen zu erhitzen.

*Streichriemen**

Ein flaches Holzstück mit einer einseitig aufgeleimten Lederfläche, deren mit Schärfpaste imprägnierte Fleischseite nach oben zeigt. Ist wichtig, um die Messer scharf zu halten.

*Winkel oder Lineal**

Sie benötigen ein mindestens 2 mm starkes Stahllineal.

*Zange**

Sie benötigen eine Flach- oder eine Sattlerzange, mit der Sie widerspenstige Nadeln durchziehen oder Leder am Anfang eines Schnittes mit einer Riemenschneidmaschine oder Spaltmaschine greifen können.

*Zirkel/Stechzirkel**

Zum Markieren der Linien, an denen das Leder genäht oder gereifelt wird.

Werkzeugvorbereitung und -instandhaltung

Neue Messer und Ahleisen müssen immer, bevor sie benutzt werden können, geschärft und poliert werden. Eine Ausstattung zum Schärfen sollte folgende Teile umfassen:
- einen Kombi-Ölstein oder japanischen Wasserstein (Körnung 4000)
- einen Streichriemen
- Schleifpapier mittlerer und feiner Körnung
- Schärfpaste
- Polierrot

Wie man einen Streichriemen herstellt

Schneiden Sie ein 10 mm dickes Stück Sperrholz von 350 × 65 mm zu, und arbeiten Sie ein Ende zu einem einfachen Griff aus. Leimen Sie etwas Rohhaut – mit der Narbenseite nach unten – auf eine Seite, und reiben Sie feine Schärfpaste, wie sie Ingenieure verwenden, mit etwas Öl in das Leder. Auch auf die Unterseite können Sie ein Stück Leder aufleimen und es mit Polierrot imprägnieren, das die Messer und Ahleisen gut poliert.

Messer schärfen

Sehen Sie sich vor dem Schärfen die Winkel der Fasen auf beiden Seiten des Messers an. Diese Winkel müssen beibehalten werden. Legen Sie die plane Fläche einer Messerseite auf den Stein, und neigen Sie es vorsichtig, bis Sie das Gefühl haben, daß die Fase mit dem Stein in Berührung kommt. Achten Sie darauf, daß die Oberfläche des Steins mit Wasser oder Öl bedeckt ist. Führen Sie dann die Klinge hin und her (Abb. 10), bis an der Schnittkante ein kleiner Grat zu sehen ist. Dieser dünne Metallspan zeigt an, daß die Klinge umgedreht und der Vorgang auf der anderen Seite wiederholt werden kann. Wenn diese Klingenseite genügend geschärft worden ist, verläuft der Grat in die andere Richtung. Er kann durch Glätten der Klinge auf dem Streichriemen entfernt werden. Nur durch Beobachtung und Erfahrung lernen Sie, wie Sie die Schneidkanten der Messer schärfen und instandhalten. Wenn Sie Ihre Messer immer scharf halten, wird das Zuschneiden einfacher und sicherer und das Ergebnis genauer. Halten Sie Ihr frisch geschärftes Messer durch häufiges Abziehen auf dem Streichriemen scharf, und fertigen Sie zu seinem Schutz eine Messerscheide an.

Ihr Schärfmesser können Sie auf ähnliche Weise schärfen. Allerdings hat nur eine Messerseite eine Fase (Abb. 11). Soll das Messer sauber arbeiten, muß

Abb. 10
Auf einem Wasserstein wird ein Schneidmesser geschärft

Abb. 11
Auf einem Wasserstein wird ein Schärfmesser geschärft

die flache Seite absolut flach bleiben. Entfernen Sie den Grat, indem Sie die flache Seite der Schneide vorsichtig über den Streichriemen ziehen. Das Messer einer Riemenschneidmaschine hat in der Regel eine lange und eine kurze Fase. Achten Sie darauf, die lange Fase beizubehalten, denn andernfalls wird das Leder beim Schneiden des Riemens vom Anschlag weggezogen.

Kantenzieher schärfen

Ein stumpfer Kantenzieher hinterläßt eine rauhe Kante, die das Polieren erschwert. Reiben Sie die Unterseite eines flachen Kantenziehers über einen feinen Schärfstein, bis ein Grat entsteht. Dieser kann mit einem gefalteten Stück feinen Schleifpapiers, welches durch die Nut auf der Oberseite gezogen wird, entfernt werden. Die Unterseite eines hohlgeschliffenen Kantenziehers können Sie mit einem kleinen Abziehstein formen.

Einsetzen eines Ahleisens

Halten Sie das Ahleisen mittels zweier Kupfermünzen mit dem Schaft nach oben in einem Schraubstock (Abb. 12). Prüfen Sie von vorne und von den Seiten, ob es senkrecht steht. Schlagen Sie das Heft vorsichtig auf das Ahleisen (Abb. 13). Lassen Sie mindestens 2 cm des Eisens aus dem Heft herausragen (Abb. 14), und achten Sie darauf, daß es gerade ist. Jede Seite des Ahleisens muß mit feinem Schleifpapier poliert und auf dem Streichriemen endbearbeitet werden. Wenn Sie sich die Mühe machen, Ihre Ahlen auf diese Weise vorzubereiten, werden Sie das Leder leicht durchstechen können, und das Nähen wird angenehmer und weniger ermüdend.

Die Werkstatt

Abb. 12
Links sehen Sie ein Ahleisen, das mit Hilfe zweier Kupfermünzen in das Heft eingesetzt werden kann, rechts eine fertige Ahle

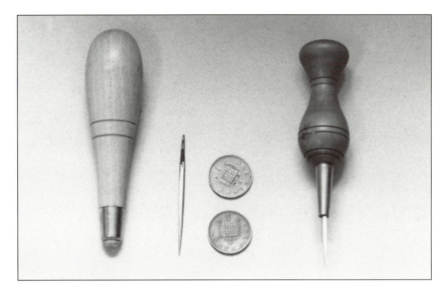

Abb. 13
Das Ahleisen wird vorsichtig auf das Heft geklopft

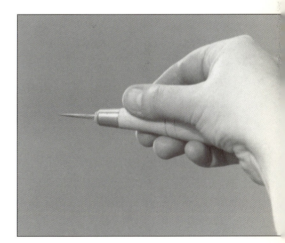

Abb. 14
Das eingesetzte Ahleisen kann nun poliert werden

3 Materialien

Nähfäden

Für die meisten handgenähten Lederarbeiten sollten Sie Leinenzwirn höchster Qualität verwenden. Baumwollfaden ist zu schwach und Kunststoffaden trotz seiner hohen Reißkraft aufgrund seiner Elastizität schwierig strammzuziehen. Reine Seide ist stark genug für Brieftaschen oder Täschchen und ideal zum Quilten. Sie sollte so stark wie Leinenzwirn Nr. 40 sein (Farbfoto 1).

Gebräuchliche Garnstärken von Leinenzwirn sind 18 (3-, 4-, 5- und 6fädig), 25 (3fädig), 30 (3fädig), 35 (3fädig und 40 (3fädig). Er ist in Form von Rollen à 25 g, 50 g oder 250 g in Schwarz, Braun, Weiß und Gelb erhältlich.

Zur Herstellung von Nähgarn mit einer größeren Fadenzahl können Sie Leinen am laufenden Meter kaufen, den sogenannten Twist. Hieraus verzwirnen Sie die gewünschte Anzahl einzelner Fäden und lassen sie am Fadenende spitz zulaufen, damit sie sich gut in die Nadel einfädeln lassen.

Die Wahl der Garnstärke ist abhängig von der Zahl der Stiche pro 2,5 cm und der Lederstärke. Bevor man zu nähen beginnt, wachst man das Nähgarn zum

1 Leinen- und Seidenzwirn mit Ahlen, Bienenwachs und Sattlernadeln

2 Lederfarben

Schutz mit einer Schicht Bienenwachs. Bienenwachs ist in kleinen Blöcken in den meisten Handwerkerläden erhältlich.

Lederfarben

Es gibt Lederfarben auf Wasser- oder Spiritusbasis (Farbfoto 2). Sie werden entweder zum Färben der Kanten von vorgefärbtem Leder vor dem Polieren oder zum Färben größerer Flächen naturellen Leders verwendet. Da sie in das Leder einziehen, färben sie die Narbenoberfläche nicht dunkel. Acrylfarben sind hingegen richtige Farben, die auf der Lederoberfläche haften und in leuchtenden Farbtönen erhältlich sind. Sie sollten allerdings eher für dekorative Effekte benutzt werden als für eine großflächige Gesamtfärbung.

Lederfinishs und -polishs

Wenn das Leder gefärbt wurde oder natürlich zugerichtet werden soll, muß es gesättigt und ein Polish aufgebracht werden (Farbfoto 3 sowie die Tabelle auf Seite 24). In vorgefärbtes Leder hat der Lederzurichter bereits ein Fettungsmittel, Tran oder Talg eingearbeitet. Es braucht nicht weiter behandelt zu werden.

Lederleime

Mit Lederleimen (Leime und Bindemittel) werden Flächen dauerhaft verleimt oder vor dem Nähvorgang provisorisch aneinander geheftet (Farbfoto 4). Lederleime müssen sich dadurch auszeichnen, daß sie die Lederflächen mit Kraft und Intensität zusammenhalten. Sie sollten außerdem nach dem Trocknen flexibel sein, sich leicht auftragen lassen und tief eindringen. Die besten Lederleime sind PVA-Leim und Gummilösung.

3 Lederpolishs und -finishs

4 Gummilösung, Gummi zum Polieren der Kanten und PVA-Leim (Polyvinylalkohol-Leim)

Finishs und Polishs

Pliantene	Auch British Museum-Lederfinish genannt. Es wurde für die Behandlung alter Lederbucheinbände entwickelt. Besteht aus einer Kombination aus in Hexan gelöstem Bienenwachs, Zedernholzöl und Lanolin. Es zieht gut ein und riecht angenehm. Es schmiert nicht nur trockenes Leder, sondern verleiht ihm auch einen sanften Glanz. Sehr empfehlenswert.
4-Way Care	Finish und Schmiermittel, das in trockenes Leder einzieht, ohne auf der Oberfläche Rückstände zu hinterlassen. Kann zur Unterstützung der Durchfärbung vor dem Färben aufgetragen werden.
Farblose Schuhcreme	Erhältlich in Schuhläden, einfach aufzutragen, verleiht sanften Glanz.
Lederseife	Ideal zum Entfernen von Farbresten von der Oberfläche nach dem Färben.
Papiergummi oder Knochenleim	Mit Wasser verdünnt wird er zum Polieren der Kanten verwendet.

PVA-Leim

Der ideale Multifunktionsleim ist ein für Lederarbeiten geeigneter PVA-Leim. Mit ihm kann man Futter und Verstärkungsmaterial verleimen. Er läßt sich mit einem Pinsel oder Spachtel leicht auftragen, ist nach dem Trocknen flexibel und kann mit Wasser verdünnt werden. Solche Leime sind sehr gut, um beim Nähen Einsätze zu fixieren, da man die Kanten später polieren kann, ohne daß eine häßliche Leimlinie zurückbleibt. Nach dem Trocknen ist PVA-Leim klar. Die Lederflächen muß man also verleimen, solange er weiß und zäh ist. Wenn er eingetrocknet ist, kann er mit Wasser wieder geschmeidig gemacht werden.

Gummilösung

Dieser bräunliche Kleber besteht aus in Lösemittel gelöstem Gummi. Gummilösung entwickelt starke Dämpfe. Verwenden Sie diese daher stets in einem gut belüfteten Raum. Die Konsistenz der Gummilösung macht es schwierig, sie mit einem Pinsel auf größeren Flächen zu verteilen, sofern sie nicht mit einem geeigneten Verdünner verdünnt wird. Sie lassen sich hingegen gut zum Verbinden von Teilen, die man mit Schrägsteppstich näht, verwenden. Vermeiden Sie jedoch, daß die Kanten, die poliert werden müssen, mit der Lösung in Kontakt kommen.

Innenfutter

Lederartikel sollten nur dann mit einem Innenfutter ausgestattet werden, wenn es unbedingt sein muß. Es kann erforderlich sein, um mehrere Innentaschen zu befestigen, um dünnes oder beschädigtes Leder zu versteifen, Einlagematerial zu verdecken, zusätzlichen Stand zu geben oder um ein Werkstück ästhetisch aufzuwerten.

Das Futter kann aus Leder oder Stoff bestehen. Leder ist zwar dauerhafter als Stoff, jedoch auch schwerer. Den Gewichtsaspekt sollten Sie unbedingt beim Entwurf und bei der Fertigung einer großen Tasche berücksichtigen.

Als Futterleder eignet sich pflanzlich gegerbtes Kalbs-, Schweins- und Zickelleder. Der Skiver oder Narbenspalt eines Schaffells wird häufig kommerziell genutzt. Da er jedoch dünn ist, kann er nur zum Füttern von Erzeugnissen verwendet werden, die keiner großen Beanspruchung unterliegen. Starke Stoffe aus Naturmaterialien, wie Leinen, Segeltuch und Seide, geben gute Futterstoffe ab.

Verstärkungsmaterial

Verstärkungsmaterial dient dazu, das Außenleder teilweise oder insgesamt zu versteifen, einem Artikel mehr Substanz zu verleihen, ihm Festigkeit zu geben und Riemen, Griffe und Nähte zu verstärken. Wenn Sie qualitativ hochwertiges Leder der richtigen Stärke verwenden, werden Sie nur eine geringe Menge Verstärkungsmaterial benötigen.

Verstärkungsmaterial

Lederreste	Flexibel; zum Versteifen von Griffen, Ecken und Taschen- und Kofferböden sowie als Einlagematerial für Taschenüberschläge und Nähte geeignet.
Graupappe	Steif; wird benutzt als Einlage für Kofferunterteilungen und für Schachteln und Dosen.
Vlieseline	Flexibel; aufbügelbares Verstärkungsmaterial, das dünnen Ledern Festigkeit verleiht; nützlich an Bugkanten.

4 Metallbeschläge

Zum Schließen von Taschen und Koffern und zum Anbringen von Riemen oder Griffen benötigen Sie unterschiedliche Metallbeschläge. Anhand der bebilderten Kataloge des Fachhandels können Sie sich einen Eindruck über die erhältlichen Warensortimente verschaffen und diese kennenlernen. Lassen Sie sich aber nie verführen, billige Schnallen und Schlösser zu kaufen. Massives Messing sieht besonders gut in Verbindung mit natürlichen Lederfarben, wie Lohfarben und Braun, aus, während Nickel- oder Silberbeschläge gut zu Schwarz und Blau passen. Die Entscheidung liegt bei Ihnen (Abb. 15). Es gibt Metallbeschläge, die vom Hersteller lackiert sind. Wenn Sie diese weiterverarbeiten, muß der Lack mit Spiritus entfernt werden. Hochwertige Schnallen und Schlösser werden in Italien, Frankreich, der Schweiz und Deutschland hergestellt; britische Hersteller fertigen verschiedenste Beschläge für den Sattlerbedarf an, viele davon eignen sich gut für Lederwaren. Im zweiten Teil lernen Sie, wie die meisten dieser Beschläge angebracht werden.

Schnallen

Verwenden Sie stets qualitativ hochwertige massive Schnallen. Gepreßte und galvanisch beschichtete Schnallen sind im Vergleich dazu leicht und zerbrechlich. Einige Sattlerschnallen eignen sich für Riemen und schmale Gürtel; sie sind einfach, aber stabil. Gürtelschnallen gibt es in Formen und Größen für alle Geschmacksrichtungen. Wichtig ist, daß die Schnalleninnenseite glatt ist, damit die Riemenkanten nicht zu sehr beansprucht werden. Entfernen Sie rauhe Stellen mit der Feile, und reinigen Sie die Schnalle, bevor Sie sie benutzen, mit Metallputzmittel.

Abb. 15
Nieten aus massivem Messing und Spreiznieten;
Drehverschluß und Aktentaschenschloß; zwei ganze Schnallen und neun halbe Schnallen;
Rundringe und D-Ringe; Knopfniete und Druckknopf

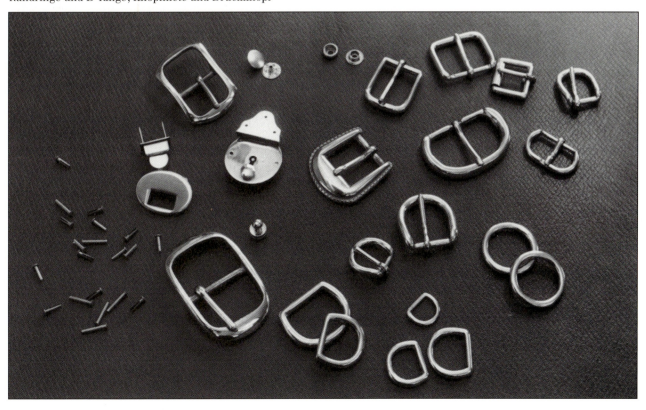

Schlösser

Schlösser für diverse Koffer und Taschen gibt es aus massivem Messing oder vernickeltem bzw. vermessingtem Eisen. Massive Schlösser sind jedoch nur schwer zu bekommen, fragen Sie daher im Versandhandel nach (siehe Lieferanten). Problematisch kann es sein, Nieten in der richtigen Größe zu bekommen. Sie müssen die Löcher daher unter Umständen mit einer Nadelstich-Rundfeile vergrößern, damit die Nieten passen. Vor dem Anbringen eines Schlosses sollten Sie stets prüfen, ob es ordnungsgemäß funktioniert und ob der Schlüssel paßt. Drehverschlüsse eignen sich zum Schließen von Taschen.

Verschlüsse

Druckknöpfe und Druckverschlüsse sind schnell und einfach zu montieren und zu benutzen. Sie bestehen selten aus massivem Messing, häufiger werden sie messingbeschichtet oder aus vernickeltem Stahl hergestellt. Knopfnieten können aus massivem Messing oder Nickel bestehen oder messingbeschichtet sein. Sie sind die am einfachsten anzubringenden Verschlüsse. Ihr Unterteil wird durch das Leder in die Mitte des Verschlusses geschraubt. Magnetverschlüsse sind praktische Schließen für Taschen und Geldbörsen mit Innenfutter.

Ringe

Die ursprünglich für den Sattlerbedarf konzipierten Ringe sind für das Anbringen von Taschenriemen von unschätzbarem Wert. Sie sind entweder D-förmig oder rund und in Größen von 12 bis 50 mm erhältlich.

Metallbeschläge vorbereiten

Messingschnallen, -ringe und -schlösser müssen mitunter noch mit der Feile bearbeitet werden, um ihnen eine bessere Form zu geben oder Metall zu entfernen, das vom Gießen zurückgeblieben ist. Daher ist es ratsam, einige Metallbearbeitungswerkzeuge anzuschaffen (Abb. 16). Für den Anfang benötigen Sie als Grundausstattung:
- einen Schraubstock
- einige Feilen (Doppelschlichtfeilen)
- eine Bügelsäge
- je eine Packung mittlere und feine Stahlwolle
- Schleifpapier mittlerer und feiner Körnung
- einen Stahlhammer
- Metallputzmittel
- eine Menge alter Lappen

Versehen Sie die Schraubstockbacken mit Auflagen, damit die Schnalle oder der Beschlag darin nicht beschädigt wird (Lieferanten siehe Seite 117).

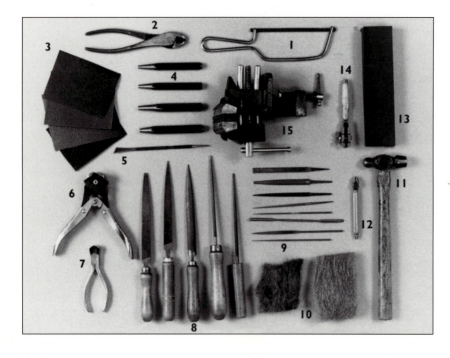

Abb. 16

1 Bügelsäge
2 Blechschere mit Flachrücken
3 Schleifpapier in vier verschiedenen Körnungen
4 Körner
5 Anreißer
6 Große Blechschere
7 Kleine Blechschere
8 Flach-, Halbrund- und Rundfeilen
9 Kleine Feilen
10 Stahlwolle
11 Stahlhammer
12 Feilkloben
13 Kombiölstein
14 Kleiner Schraubstock
15 Bankschraubstock

Teil II

5 Entwurf und Zuschnittschablonen

Es ist nicht schwer, Lederwaren zu entwerfen, solange sie funktional und schlicht gehalten werden. Sie müssen nicht einmal gut zeichnen können, sofern Sie die Grundregeln der Geometrie beherrschen. Ein erfolgreicher Lederwarendesigner zeichnet sich durch den wiedererkennbaren »Look« oder »Stil« seiner Artikel aus. Dieser ist das Ergebnis klarer Entscheidungen hinsichtlich der bevorzugten Lederarten, der angestrebten Produktfamilien und der gewählten Arbeitsmethoden.

Auch für den Anfänger gelten diese Entscheidungskriterien. Die Entwurfsideen können als Skizzen auf einem Stück Papier entstehen. Inspirieren lassen können Sie sich auch durch das genaue Betrachten natürlicher Formen, den Besuch in einem Lederwarengeschäft, oder durch Ausstellungsstücke in Galerien und Museen sollten Sie sich inspirieren lassen. Doch auch das Arbeiten mit Leder, das Verstehen seiner Eigenschaften und das Experimentieren mit ebendiesen Eigenschaften und deren Erforschen kann bereits Entwurfsideen hervorbringen.

Ein leeres Blatt Papier und der vage Wunsch, »eine Tasche zu designen« ist eine entmutigende und nicht vielversprechende Art, an die Arbeit zu gehen. Beginnen Sie besser mit einem Entwurfsauftrag, den Sie sich selbst stellen.

Der Auftrag

Stellen Sie sich die Aufgabe, eine kleine, leichte Schultertasche zu entwerfen, die groß genug ist, um darin eine Geldbörse, eine Brieftasche, ein dünnes Taschenbuch und Ihre Schlüssel unterbringen zu können. Der Auftrag gibt den Rahmen vor, innerhalb dessen der Entwurfsprozeß stattfindet. Zunächst müssen Sie entscheiden, welche Lederart – dickeres oder dünneres Leder – Sie verwenden wollen und welche ungefähre Größe und Form die Tasche haben soll. Nehmen Sie einen Rest des ausgewählten Leders und prüfen Sie seinen Griff. Lassen Sie es durch Ihre Finger gehen, um zu fühlen, wie die Oberfläche ist und wie es sich biegen läßt. Fertigen Sie auf Papier einige Skizzen von unterschiedlichen Taschenformen an, bis Sie zu einer Idee gelangen, die Ihre Phantasie anregt. Eine der Fragen, die Sie sich stellen sollten, ist die, ob die Tasche Einsätze bzw. Seitenteile haben soll. Wenn ja, von welcher Art und welcher Größe? Soll der Riemen verstellbar sein? Wo und wie soll er an der Tasche angebracht werden? Wie soll die Tasche geschlossen werden? Soll sie eine Innentasche haben?

Nach welcher Machart soll sie gearbeitet werden – soll sie Schnitt-, Bug- oder Einfaßkanten haben?
Wenn Sie über die Grundstruktur entschieden haben und mit Ihrer Skizze zufrieden sind, müssen Sie als nächstes eine genaue Zeichnung im Maßstab 1 : 1 anfertigen. Mit ihrer Hilfe können Sie die Proportionen beurteilen und die Details des Entwurfs ausarbeiten. Nehmen Sie ein großes Stück Papier, und zeichnen Sie am unteren Rand eine horizontale Linie sowie in deren Mitte im rechten Winkel eine Senkrechte. Zeichnen Sie die gewünschte Höhe und Breite ein, und markieren Sie auf der mittleren Vertikalen die Länge des Überschlags (falls die Tasche einen bekommen sollte). Auf die eine Hälfte dieses Entwurfs zeichnen Sie nun die Taschenform. Arbeiten Sie dabei mit dem Zirkel, damit die Kurven rund werden. Halten Sie sich beim Zeichnen immer die Taschenform vor Augen, und achten Sie darauf, daß die Kurven allmählich in gerade Linien übergehen. Zeichnen Sie die Form des Überschlags. Falten Sie das Papier an der Mittellinie zusammen, und übertragen Sie die Taschenform mit Paus- bzw. Kohlepapier oder dem Kopierrädchen auf die andere Hälfte (Abb. 17). Prüfen Sie Ihre Zeichnung kritisch, und scheuen Sie sich nicht, die Proportionen und Formen zu korrigieren, bis alles »richtig« aussieht. Zeichnen Sie dann eine Seitenansicht und eine Ansicht von der Rückseite (Abb. 18). Denken Sie daran, daß sich die Zeichnung auf die fertige Tasche bezieht. Sie müssen sie sich deshalb mit eingesetzten Einsätzen und angebrachten Riemen und Verschlüssen vorstellen. Überall in diesem Buch finden Sie unterschiedliche Entwurfsvarianten mit Beschreibungen und Illustrationen. Auch sollten Sie sich verschiedenste Taschen in Lederwarengeschäften hinsichtlich Design und Machart anschauen. Sind Sie mit Ihrer Zeichnung zufrieden, übertragen Sie den Entwurf auf dünnen Karton, um eine exakte Zuschnittschablone anzufertigen. Wenn Sie sich im dritten Teil die Schablonen ansehen und einige der einfacheren Projekte arbeiten, werden Sie lernen, wie man die Zugaben für Umschläge, Nähte und Einsätze berechnet. Sie werden ebenfalls herausfinden, an welchen Stellen man Verschlüsse und Schnallen am besten montiert. Denken Sie daran, daß die Schablonen exakt sein müssen. Alle Vorlagen werden auf das Leder übertragen, und bei den weiteren Arbeiten stellt sich schnell heraus, ob eine Schablone schlecht ausgeschnitten wurde und ungenau ist.

Bevor Sie Ihren neuen Entwurf aus Leder zuschneiden, sollten Sie aus der gleichen Lederart kleinere

Entwurf und Zuschnittschablonen

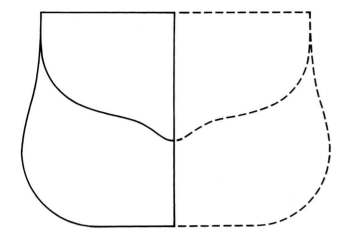

Abb. 17
Ausgangszeichnung für einen Taschenentwurf

Abb. 18
Design der Tasche, betrachtet von der Seite und von der Rückseite

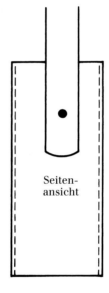

Seitenansicht

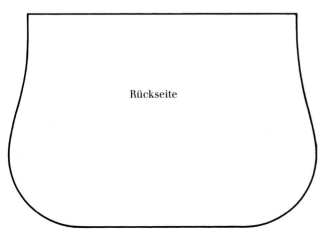

Rückseite

Modelle der Einzelteile, die Sie für Ihr Vorhaben verwenden, anfertigen. Fehler in diesem Stadium schaden ihrem Selbstvertrauen weniger als zu einem Zeitpunkt, an dem ihr Werkstück schon weit gediehen ist.

Der Zuschnitt

Sobald Sie sicher sind, daß Ihre Schablone absolut exakt und das Leder, für das Sie sich entschieden haben, das richtige ist, ist es an der Zeit, den ersten Schritt des Arbeitsprozesses – den Zuschnitt – auszuführen.

Dafür benötigen Sie ein scharfes Messer (siehe Kapitel 2), gutes Licht und eine feste, ebene Unterlage. Arbeiten Sie nie unter Zeitdruck, denn das kann zu kostspieligen Fehlern führen. Prüfen Sie die Narbenoberfläche des ausgewählten Leders auf Risse, Löcher und unregelmäßige Färbung. Kennzeichnen Sie sämtliche Löcher oder Schlitze auf der Fleischseite. Meiden Sie beim Auflegen der Zuschnittschablonen offene Narben und fehlerhafte Flächen, doch bedenken Sie, daß Leder ein Naturprodukt ist, das nun mal gewisse Oberflächenmerkmale aufweist. Auch kann das ausgeprägte Narbenbild eines Halsstücks einer ansonsten unscheinbaren Tasche besonderen Charakter verleihen.

Legen Sie die Schablonenteile stets vom Kopf in Richtung Schwanz oder von einer Seite zur anderen auf und nie diagonal. Die beste Fläche einer Haut oder eines Felles verläuft entlang der Wirbelsäule und über dem Gesäß. Schneiden Sie die wichtigen Teile, wie die Vorder- und Rückseite sowie den Überschlag einer Tasche oder eines Koffers also aus diesem Bereich. Schneiden Sie Griffe, Laschen und Halteschlaufen für D-Ringe möglichst aus dem Doppelcroupon. Diese Taschenteile werden stark beansprucht und müssen daher stark sein. In Richtung Bauch oder Flanke wird die Haut dünner und ihr Fasergefüge loser. Diese Fläche eignet sich für Einsätze (solange sie nicht zu zügig ist) und Masken, da die losen Fasern das Formen erleichtern (siehe Kapitel 15). Wenn Sie der Meinung sind, daß die Schablonen richtig liegen, reißen Sie rund herum deutlich mit einem spitzen Bleistift – oder besser noch mit einer Anreißahle – an. Fixieren Sie große Schablonen mit Kreppband. Übertragen Sie in dieser Phase mit der Spitze der Anreißahle wichtige Einzelheiten des Entwurfs, wie zum Beispiel die Mitten und die Punkte, an denen Einsätze, Riemen, Verschlüsse oder Schlösser angebracht werden, von der Zuschnittschablone auf das Leder. Nehmen Sie die Schablonen ab, und beginnen Sie mit dem Zuschnitt.

Halten Sie das Messer senkrecht, und schneiden Sie das Leder mit festem, nach unten gerichtetem Druck. Achten Sie darauf, das Messer nicht zu kippen. Dies passiert sehr häufig, insbesondere dann, wenn man Kurven schneidet. Benutzen Sie den Daumen der Hand, in der Sie das Messer halten, als Drehpunkt, um die Klinge im Gleichgewicht und immer senkrecht zu halten. Drücken Sie mit der anderen Hand das Leder herunter, jedoch in gebührendem Abstand zur Klinge. Schneiden Sie möglichst auf sich zu und nicht von einer Seite zur anderen. Drehen Sie das Leder, oder wechseln Sie auf eine andere Seite des Zuschneidetischs, damit Sie bequem und entspannt weiterarbeiten können. Auch hier gilt: Fehler passieren unter Zeitdruck. Ziehen Sie das Messer regelmäßig auf dem Streichriemen ab. Eine stumpfe Klinge ist gefährlicher als eine scharfe, weil beim Schneiden ein stärkerer Druck ausgeübt werden muß. Normalerweise kann man dünnes Leder mit einem einzigen Messerschnitt durchschneiden. Wenn das Leder stärker als 2 mm ist, müssen Sie wahrscheinlich an der gleichen Linie zweimal entlangschneiden, bevor es ganz durchtrennt ist.

Gürtel und Riemen aus dickerem Leder sollten je nach Verwendung aus standigem, 2,5–4 mm starkem Leder gefertigt werden. Sie sollten idealerweise an der Rückenlinie geschnitten werden, da dieser Teil der Haut am festesten ist. Hälften, Doppelhechte und Doppelcroupons eignen sich am besten, aber auch Halsstücke können verwendet werden, solange sie fest sind. Reißen Sie entlang eines Stahlwinkels oder -lineals vom Kopf bis zum Schwanz eine Linie an. Halten Sie das Messer senkrecht, und führen Sie es entlang eines Stahllineals, während Sie das Leder durchschneiden (Abb. 19). Sobald Sie eine gerade Kante haben, messen Sie die Schnallenbreite auf der Innenseite genau. Messen und markieren Sie die Gürtelbreite entlang der geraden Lederkante. In der gleichen Weise schneiden Sie den Lederstreifen für den Gürtel zu. Wenn Sie eine Riemenschneidmaschine haben, ist das Schneiden von Riemen und Lederstreifen wesentlich einfacher, da es sich schnell und exakt ausführen läßt. Zuerst stellen Sie die Streifenbreite mit Hilfe eines Anschlages auf der Skalierung ein. Mit der einen Hand halten Sie den Messergriff und drücken die gerade Lederkante bis zum Anschlag unter die Walze. Drücken Sie das Messer parallel zur Kante nach vorn, und ziehen Sie den herauskommenden Gürtelstreifen vorsichtig mit der anderen Hand heraus (Abb. 20).

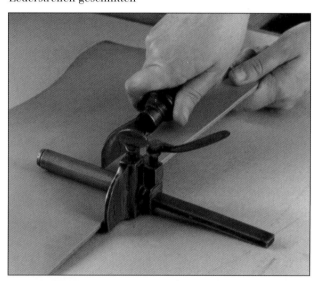

Abb. 20

Hier wird mit der Riemenschneidmaschine ein gerader Lederstreifen geschnitten

Abb. 19

Hier wird mit dem Messer entlang eines Stahllineals ein gerader Lederstreifen geschnitten

6 Färben und Zurichten

Färben

Wenn Sie kein vorgefärbtes Leder in der von Ihnen gewünschten Farbe bekommen können oder bestimmte Dekortechniken anwenden wollen, können Sie naturelles Fahlleder selbst färben. Mit Vollnarbenleder erzielen Sie bessere Ergebnisse als mit Leder, dessen Narbenoberfläche zum Entfernen von Fehlern geschliffen wurde. Bei geschliffenem Leder absorbieren die Flächen, auf denen die Oberfläche gebrochen wurde, den Farbstoff schneller und ermöglichen eine größere Einfärbtiefe, was die Färbung unregelmäßig werden läßt. Um dem entgegenzuwirken, setzt der Lederzurichter (die Fachkraft, die gegerbtes Leder zurichtet und färbt) dem Farbstoff Pigmente zu. Setzt er jedoch zuviel Pigmente zu, wird die erzielte Farbe stumpf und uninteressant.

Vegetabilleder dunkeln auf natürliche Weise nach, wenn sie dem Licht ausgesetzt werden. Aus diesem Grunde hält kein Leder die gleiche Farbe, die es am Tag seiner Färbung hatte. Wenn es darauf ankommt, eine Farbe mit langfristiger Farbtonstabilität zu erzielen, können Sie mit Lederfarben auf Acrylbasis experimentieren. Unverdünnt angewendet ermöglichen sie eine intensive Oberflächenfärbung mit nur geringer oder ohne jede Einfärbtiefe. Sie können jedoch mit Wasser verdünnt werden, wodurch eine gewisse Einfärbtiefe möglich wird. Auf diese Weise erzielte Farben sind leuchtender und lebhafter als jene, die von Farbstoffen auf Spiritus- oder Wasserbasis herrühren.

Wenn sie jedoch zu dick aufgetragen werden, verdecken Sie den Narben des Leders, und das Teil sieht künstlich aus. Farbstoffe auf Acrylbasis sind ideal zum Aufmalen kleinerer Dekore oder Bilder auf die Lederoberfläche.

Bevor Sie größere Lederflächen färben, sollten Sie auf kleinen Mustern mit allen drei Farbstoffarten – auf Wasser-, Spiritus- und Acrylbasis – einige Versuche durchführen. Dabei sollten Sie auf die Gleichmäßigkeit der Farbe, die Einfärbtiefe, Wasserechtheit und Lichtechtheit achten.

Lederpolishs und -finishs zum Zurichten

Bezeichnung	Beschreibung und Verwendung	Anwendung	Anmerkungen
Pliantene	Finish und Polish; für alle Vegetabilleder geeignet; gute Durchfärbung; seidenglatter Glanz; empfohlen für altes Leder.	Mit einem weichen Lappen mehrere dünne Schichten auftragen, trocknen lassen und mit einer Borstenbürste polieren; nicht auf feuchtem Leder anwenden; Gummihandschuhe tragen.	Bei kalter Umgebungstemperatur Flasche zum Auflösen von körnigem Bienenwachs in heißem Wasser erwärmen, Schraubverschluß zuvor abnehmen; in gut belüftetem Raum arbeiten; lange Trocknungszeit.
4-Way Care von Fiebing	Finish und Weichmacher; für alle Vegetabilleder geeignet	Großzügig mit einem weichen Lappen auf feuchtes oder trockenes Leder auftragen; trocknen lassen und polieren.	Gut geeignet zum Schmieren von brüchigem oder unelastischem Leder.
Lederseife	Für die Reinigung von in der Werkstatt gefärbtem Leder, in der Hauptsache für Sattlerwaren und alte Reiseartikel	Schaum mit feuchtem Schwamm kreisförmig auftragen; regelmäßig neuen Schaum auftragen, trocknen lassen und anschließend ein Polish auftragen.	Ideal zum Entfernen von Farbrückständen vom Narben, was bei Farben auf Spiritusbasis problematisch ist.
Farblose Schuhcreme	Sanftes Cremepolish; verleiht Schutz und Brillanz	Sparsam mit einem weichen Lappen auftragen; nach dem Trocknen polieren.	Einfach anzuwenden, nach dem Trocknen farblos; Wachspolishs hinterlassen auf der Oberfläche einen weißen Film.
Klauenöl	Lack als Schutzschicht zum Versiegeln naturellen Leders	Ganzflächig mit einem Lappen auftragen, vor dem Umbiegen trocknen lassen; Gummihandschuhe tragen.	Kann mit Klauenöl-Verdünner verdünnt werden; kann verdünnt zum Versiegeln weicherer Leder, wie z. B. Leder für Wandverkleidungen, verwendet werden.

Der Färbeplatz

Richten Sie Ihren Färbeplatz möglichst in der Nähe des Waschbeckens und am Fenster ein, damit Sie gut lüften können. Decken Sie den Platz mit einfachem Papier (evtl. Packpapier), aber nie mit Zeitungspapier ab, da die Druckerschwärze abfärbt!

Reinigen

Vor dem Färben müssen Sie die Lederoberfläche reinigen. Das ist nötig, weil naturelles Leder leicht Fettspuren annimmt, welche die Farbstoffabsorption verhindern. Stellen Sie eine milde Oxalsäure-Lösung her (5 ml/1 Teelöffel auf 0,5 l Wasser), und reiben Sie die Lederoberfläche sanft mit einem weichen Lappen ab. Tragen Sie stets Schutzhandschuhe, und bewahren Sie die giftigen Oxalsäurekristalle in einem verschlossenen Schrank auf.

Färben

Farbstoffe auf Wasser- und Spiritusbasis

Zur Gewährleistung einer gleichmäßigen Farbstoffabsorption und guten Einfärbtiefe feuchtet man das Leder mit einem nassen Stück Schwamm oder Baumwolle an. Wickeln Sie anschließend ein Stück weiche Baumwolle zu einem Ballen zusammen, und tauchen Sie diesen in die Farbe. Drücken Sie die überschüssige Farbe des getränkten Ballens auf einem Lederrest heraus, und führen Sie ihn dann von einer Ecke ausgehend in kleinen kreisförmigen Bewegungen über die Lederoberfläche. Gegebenenfalls tränken Sie den Ballen erneut mit Farbe, drücken die überschüssige Farbe aus und arbeiten so weiter, bis die gesamte Fläche gefärbt ist. Drehen Sie das Leder um 90 Grad, und wiederholen Sie die Prozedur, bis Sie die gewünschte Farbe erhalten.

Sie werden feststellen, daß die Farbe gleichmäßiger wird, wenn man verdünnten Farbstoff in mehreren dünnen Schichten statt in einer dicken Schicht aufträgt und so die Färbung langsam aufbaut. Alternativ lassen sich gute Ergebnisse mit einer Spritzpistole erzielen, doch seien Sie vorsichtig! Benutzen Sie diese draußen, wenn es windstill ist. Sollten Sie die Pistole drinnen benutzen, müssen Sie einen Gesichtsschutz tragen und darauf achten, daß Ihre Werkstatt gut belüftet ist. Wenn Sie häufig mit der Spritzpistole arbeiten, sollten Sie eventuell auch einen Sauglüfter installieren.

Färben Sie das Leder möglichst immer vor dem Zuschnitt der Musterteile, denn Anfeuchten, Färben und Trocknen führen dazu, daß es etwas schrumpft.

Acrylfarbstoffe und -farben

Wenn es darum geht, eine größere Fläche zu färben, kann man Acrylfarbstoffe unverdünnt mit einem breiten Pinsel auftragen. Sie können jedoch auch mit Wasser verdünnt und mit einem Lappen oder der Spritzpistole in mehreren Schichten aufgetragen werden. Welches Verfahren Sie auch anwenden, vergewissern Sie sich stets, daß das Leder trocken ist, bevor Sie mit dem Färben beginnen.

Nach dem Färben müssen Sie das Leder zurichten.

Zurichten

Naturelles Leder, das ungefärbt verwendet wird, muss immer zugerichtet oder gesättigt und poliert werden. Das gleiche gilt, wenn es in der Werkstatt gefärbt wurde oder vorgefärbt gekauft, aber trocken und unelastisch erscheint.

Wurde naturelles Leder gegerbt, ist es normalerweise vom Lederzurichter gefettet und mit Tranen ausgestattet worden. Solches Leder trocknet jedoch häufig bald aus, wenn es in diesem Zustand verkauft wird. Sie müssen es also sorgfältig behandeln und großzügig zurichten. Obwohl es möglich ist, ein großflächiges Stück, wie zum Beispiel ein Halsstück, zuzurichten, ist es wirtschaftlicher, gerade nur so viel Leder zu sättigen, wie man für ein bestimmtes Projekt braucht. Achten Sie darauf, daß kein Polish oder Lack an die Fleischseite gelangt oder an Kanten, die poliert werden sollen.

Polieren

Das Polieren oder Glätten ist eine effektive Methode, um die Lederoberfläche zu versiegeln und ungefärbtem, naturellem Leder auf sehr einfache Weise einen schönen Glanz zu verleihen. Man schiebt dazu ein Stück Hartholz, zum Beispiel Buchsbaum, über die Oberfläche des angefeuchteten Leders. Der Druck preßt die Fasern zusammen und dichtet den Narben ab. So entsteht eine glanzpolierte Oberfläche.

Wie man ein Glättholz herstellt

Nehmen Sie ein etwa 60 mm breites, 20 mm dickes und 100 mm langes Stück Buchsbaumholz, und runden Sie ein Ende sorgfältig ab, so daß keine rauhen und scharfen Kanten mehr vorhanden sind. Schleifen Sie es mit feinem Schleifpapier, bis die Oberfläche so glatt wie Seide ist. Formen Sie das Griffende so, daß es angenehm in der Hand liegt und man es gut halten kann. Nun haben Sie ein Glättholz.

Färben und Zurichten

Legen Sie das Leder flach auf eine glatte, saubere Werkbank. Feuchten Sie es insgesamt mit Wasser an, und schieben Sie das Glättholz, wenn sich die Farbe aufzuhellen beginnt, auf dem Leder hin und her (Abb. 21). Es muß stets gleichmäßiger Druck aufgebracht werden. Sehen Sie, wie das Leder beim Arbeiten nachdunkelt, und fühlen Sie, wie flach der Narben geworden ist. Lassen Sie das Leder vollkommen trocknen, und tragen Sie dann Pliantene oder farblose Schuhcreme auf. Bereiten Sie für Ihr Projekt auf diese Weise genügend Leder vor, doch beginnen Sie nicht mit dem Zuschnitt, solange Sie noch weiter glätten müssen. Die Teile würden sich sonst etwas verziehen und Probleme beim Zusammensetzen verursachen.

Abb. 21 Die Oberfläche von naturellem Leder wird mit einem Glättholz aus Buchsbaum poliert

7 Lederkantengestaltung

Sauber gestaltete Lederkanten erhöhen den ästhetischen Wert eines Lederartikels und schützen und verstärken ihn. Die gewählte Machart und damit die Art der Kantengestaltung ist abhängig vom Design – also von Größe, Form und Funktion des Artikels – und vom Leder, d. h. von seiner Flexibilität und Stärke. Als Grundregel gilt: Artikel aus festem Leder von über 1,5 mm Stärke können Schnittkanten haben.

An Artikeln aus Haut oder Fell mit einer Stärke von weniger als 1,5 mm werden die Kanten in der Regel umgebugt oder eingefaßt. Eine Einfaßkante kann an fast jedem Leder gearbeitet werden.

Schnittkanten

Sobald ein Teil zugeschnitten ist, müssen die Kanten, die einlagig bleiben, wie Überschläge, Riemen, Einsätze usw., abgezogen und poliert werden. Aus mehreren zusammengenähten Lagen bestehende Schnittkanten werden nach dem Nähen zugerichtet.

Kanten abziehen

Beim Abziehen entfernt man das Spitzwinklige von den Lederkanten, um diese vor dem Polieren abzurunden. Das dafür benötigte Werkzeug nennt man Kantenzieher. Am nützlichsten sind die Größen 1, 2 und 3, doch am Anfang werden Sie wahrscheinlich mit Größe 2 zurechtkommen.

Legen Sie die Arbeit mit dem Narben nach oben auf eine feste Unterlage. Halten Sie den Kantenzieher in der einen Hand und das Leder mit den Fingern der anderen Hand fest. Drücken Sie das Werkzeug im 45°-Winkel an der Kante entlang, um einen dünnen Span abzuziehen (Abb. 22). Das muß nicht in einer durchgehenden Bewegung erfolgen, Sie können zwischendurch absetzen, um das Leder wieder zurechtzulegen, und dann weiterarbeiten. Drehen Sie das Leder um, und wiederholen Sie den Vorgang auf der Fleischseite. Wenn es sich um Fahlleder oder fast trockenes Leder handelt, sollten Sie die Kanten leicht anfeuchten, bevor Sie mit dem Abziehen beginnen. Sie verhindern dadurch, daß das Werkzeug reißt und eine unsaubere Kante schneidet. Leder, das dünner als 1,5 mm ist, läßt sich nur schwer abziehen, man kann es aber polieren, ohne es vorher abgezogen zu haben.

Wenn zwei oder mehr Lagen zusammengenäht wurden, müssen Sie diese vor dem Abziehen und Polieren mit einem flachen Messer begradigen. Ein Schärfmesser eignet sich ideal dafür, weil die flache Rückseite der Klinge verhindert, daß es einschneidet.

Polieren

Durch Polieren oder Glätten verhindert man, daß Schnittkanten ausfransen oder abnutzen. Das Versiegeln der Fasern und die Erzeugung einer harten, glänzenden Lederkante schützt die Stiche, und das Werkstück wird haltbarer.

Stellen Sie eine Lösung zum Polieren der Lederkanten her. Mischen Sie dazu in einem kleinen Glasgefäß einen Teil Knochenleim mit zwei Teilen warmem Wasser. Ein Stück zusammengefalteter Filz, den Sie mit einer Wäscheklammer halten, ergibt einen guten Applikator. Die Kanten von farbigem Leder sollten Sie vor dem Polieren in einer passenden Farbe färben. Achten Sie aber darauf, daß der Filz nicht zu sehr mit Farbe getränkt ist, da sie sonst in die Lederoberfläche ziehen würde (Abb. 23).

Tragen Sie die Polierlösung etwa 15 cm von einer Ecke entfernt auf, und reiben Sie sie mit einem Stück Segeltuch schnell auf der Fläche hin und her. Die Reibung verursacht Hitze, welche die Fasern zu einer harten, glänzenden Kante werden läßt (Abb. 24). Wenn Sie eine längere Kante bearbeiten wollen, ist die Reibung nicht so stark und das Ergebnis enttäuschend. Mehrlagige Kanten verschmelzen durch Polieren zu einer einzigen. Achten Sie darauf, daß Sie das Segeltuch beim Reiben um die Kante halten, da sich diese sonst an beiden Seiten wellt. Polieren Sie Leder, das dünner als 1,5 mm ist, legen Sie die Arbeit auf eine ebene Unterlage – ideal ist ein Lithostein – und reiben zuerst die Kante auf der Narbenseite und dann die auf der Fleischseite, bis das Leder glänzt.

Auch mit Speichel lassen sich Lederkanten hervorragend polieren. Doch Ihre Kunden werden von dieser Methode sicherlich nicht sehr angetan sein!

Reifeln

Traditionell wurde an vielen handgenähten Lederarbeiten – vom Sattel- und Zaumzeug bis zu Koffern und Geldbörsen – neben einer sonst einfachen Lederaußenkante eine dünne Linie gearbeitet. Diese erfüllt hautsächlich einen dekorativen Zweck, allerdings entsteht durch das Zusammendrücken der Fasern auch eine stärkere Kante.

Lederkantengestaltung

Abb. 22 Abziehen eines dünnen Spans mit dem Kantenzieher

Abb. 23 Die Lederkante wird sorgfältig gefärbt

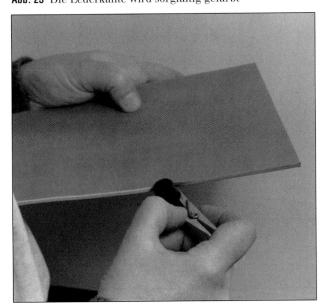

Abb. 24 Polieren der Kante

Solche Zierlinien werden nach dem Polieren gearbeitet. Dem Lederhandwerker stehen dafür zwei Arten von Werkzeug zur Verfügung: das einfache Reifeleisen und das verstellbare Reifeleisen. Das verstellbare Reifeleisen hat eine verstellbare Führung, mit der die Linie in einem vorgegebenen Abstand zur Lederaußenkante festgelegt wird. Man neigt jedoch dazu, das Werkzeug nach einer Seite zu kippen, damit die Führung nicht verrutscht und erzeugt dadurch einen ungleichmäßigen Eindruck. Das einfache Reifeleisen ist vielseitiger, wenngleich auch etwas schwieriger zu beherrschen. Da es keine Führung hat, wird die Linie, über die das Reifeleisen geführt wird, mit einem Stechzirkel angerissen. Stellen Sie den Stechzirkel auf eine Breite von 2–3 mm ein, und drücken Sie einen Schenkel an der Kante entlang, so daß eine sichtbare Linie erzeugt wird. Erhitzen Sie das Reifeleisen über einem Gas- oder Spiritusbrenner. Prüfen Sie die Temperatur, indem Sie das Werkzeugende auf einem Rest desselben Leders nach vorne drücken und eine Zierlinie erzeugen. Ist das Werkzeug zu heiß, sieht die Linie versengt und stumpf aus; ist es zu kalt, gleitet es nicht, sondern läuft ruckartig. Bei der richtigen Temperatur erzeugt das Reifeleisen eine dunkle, polierte Linie. Wenn Sie sicher sind, daß es richtig erhitzt ist, führen Sie es mit festem Griff vorwärts (Abb. 25) und halten dabei das Leder mit der freien Hand fest. Gerade Linien können Sie, solange Sie nicht sicher freihändig arbeiten können, an einem Lineal entlangziehen. Bei geschwungenen Konturen kippen Sie das Werkzeug nach vorn, so daß die Eisenmitte mit dem Leder in Berührung kommt. Drücken Sie es dann vorwärts, und drehen Sie das Leder langsam mit der anderen Hand. Wichtig ist, daß Sie bequem arbeiten und das Werkzeug beherrschen, andernfalls kann es Ihnen entgleiten. Lassen Sie sich Zeit, und üben Sie auf Lederresten, bevor Sie an größere Arbeiten herangehen.

Abb. 25 Reifeln einer Verzierungslinie dicht an der Lederaußenkante mit einem erhitzten einfachen Reifeleisen

Lederkantengestaltung

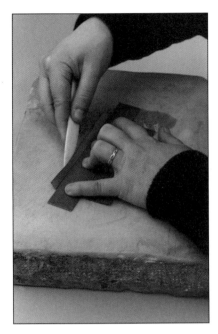

Abb. 26 Erzeugung des Falzes zum Umbiegen

Abb. 27 Auftrag des PVA-Leims mit einem flachen Pinsel von der Leimlinie zur Lederaußenkante hin

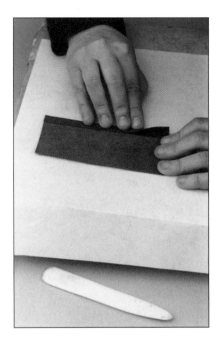

Abb. 28 Umleimen einer Bugkante

Bugkanten

Besonders dann, wenn das Leder, aus dem ein Gürtel, eine Geldbörse, Tasche, Brieftasche oder Innentasche gefertigt wurde, für eine Schnittkante zu fein ist, wird es nach innen zu einer Bugkante umgefaltet.

Um eine Lederkante umbiegen zu können, müssen Sie die Stärke des Umschlags direkt hinter dem Falz um die Hälfte oder um bis zu zwei Drittel verdünnen. Sobald die Kante geschärft wurde (siehe Kapitel 8), kann sie umgeschlagen und verleimt werden. Am besten legt man dazu einen Stahlwinkel an den Falz und faltet das Leder im 90°-Winkel mit dem Falzbein (Abb. 26). Bestreichen Sie das Leder mit etwas PVA-Leim (Abb. 27), und biegen Sie es, solange der Leim klebrig und zäh ist, zur Leimlinie um (Abb. 28). Drücken Sie das Falzbein auf der ganzen Länge gegen den Falz, damit er überall verleimt wird, und legen Sie ihn unter Druck (ideal zum Beschweren sind alte Telefonbücher), bis der Leim trocken ist. Ungefütterte, flache Bugkanten brauchen zusätzlich nicht noch gesteppt zu werden.

Um geschwungene Kanten sauber umbiegen zu können, sollten Sie eine Faltschablone aus dünnem Zinkblech anfertigen. Falten Sie das Leder um diese Schablone, statt um das Stahllineal. Sehr steifer, dünner Karton eignet sich nur wenige Male als Faltschablone. Aufbügelbares Material zum Versteifen, wie Vlieseline, eignet sich insbesondere an Kurven gut zum Umbugen.

Einfaßkanten

Eine Lederkante kann zum Schutz oder zur Betonung des Designs auch eingefaßt werden. Die Einfassung kann entweder aus einem separaten, um die Kante geleimten und gesteppten Lederstreifen bestehen, oder sie kann eine Zugabe für den Umschlag beinhalten.

Einfassung aus einem separaten Lederstreifen

Berechnen Sie die Breite des Lederstreifens, indem Sie die Dicke der einzufassenden Lagen messen und 12 mm als Nahtzugabe hinzurechnen – also 6 mm auf jeder Seite. Bei dickerem Leder verdünnt man die Stärke des Lederstreifens auf 0,8–1 mm (siehe Kapitel 8). Bei dünnerem Leder beläßt man die volle Stärke. Färben und polieren Sie die Kanten des Lederstreifens (siehe Kapitel 6), jedoch nicht die einzufassenden Lagen. Leimen Sie den Streifen auf die eine

Abb. 29
Einfaßkante an einer Ledertasche mit einer Knopfniete der Marke Sam Browne

Seite, und reißen Sie die Plazierung mit einem Stechzirkel an. Wenn der Leim trocken ist, schlagen Sie den Streifen um und leimen ihn unter Zuhilfenahme von Falzbein und Leimklemmen auf die andere Seite. Markieren Sie die Naht im Abstand von 3–4 mm von der Einfaßkante und steppen Sie dort (Abb. 29).

Rolleinfassung

Arbeiten Sie eine solche Einfassung nur an feinem Leder, wie Kalbs- oder Zickelleder. An anderen Lederarten wirkt sie zu wuchtig (Farbfoto 5). Zur Ermittlung der Breite des Einfaßstreifens fertigen Sie ein kleines Muster der einzufassenden Lagen an. Schärfen Sie einen Lederstreifen, der breiter als erforderlich ist (siehe Kapitel 8). Leimen und steppen Sie ihn 2 mm von der Kante entfernt an (Abb. 30). Legen Sie ihn um die Kante, und leimen Sie ihn auf die Rückseite. Markieren Sie 1,5 mm unterhalb der ersten Stichreihe eine zweite Stichreihe und steppen Sie

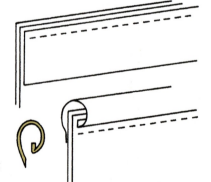

Abb. 30
Ein angesteppter Einfaßstreifen

Abb. 31
Um die mehrlagige Kante gelegter Einfaßstreifen, rückseitig aufgeleimt und festgesteppt

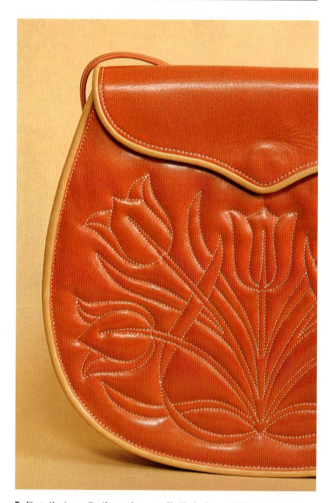

5 Detail einer Quilttasche aus Kalbsleder mit Rolleinfassung

dort. Diese zweite Stichreihe fixiert den auf die Rückseite der Kante aufgeleimten Einfaßstreifen (Abb. 31).

Gesteppte Bugkante

Eine gesteppte Bugkante oder umgeschlagene Einfassung können Sie arbeiten, wenn Sie Taschen aus Leder fertigen, das bis zu 1,75 mm stark und für eine Schnittkante zu weich ist. Diese Einfassung ist eigentlich eine Zugabe für den Umschlag, der um offene Kanten und Nähte gelegt wird. Berechnen Sie die Breite des Umschlags, indem Sie die Dicke der einzufassenden Lagen messen – Einsätze, Futter, Taschen, usw. – und 6 mm als Nahtzugabe hinzurechnen.

Verdünnen Sie das Leder hinreichend, damit es sich leicht biegen läßt. Sie werden die Lederstärke um ein Drittel oder bis zur Hälfte entfernen müssen; dennoch darf es nicht so viel sein, daß es zu dünn wird. Legen Sie es um die einzufassenden Kanten und Lagen, und

Lederkantengestaltung

leimen Sie es mit PVA-Leim auf. Markieren Sie die Naht im Abstand von 3 mm von der Bugkante und steppen Sie dort.

Kedernähte

Kedernähte kann man nur mit flexiblem Leder arbeiten, denn die Tasche muß wendegenäht, d. h. von der linken Seite gefertigt und nach dem Nähen umgekrempelt werden. Auf diese Weise kann man auch größere, weiche Reiseledertaschen herstellen, vorausgesetzt, das Leder ist nicht stärker als 1,8 mm. Kalb oder Ziege sind für kleinere Taschen geeignet, doch sollten Sie kein Zickelleder verwenden, da dieses zu sehr knittert. Eine Kedernaht erzeugt man durch Falten und Verleimen eines Lederstreifens um eine Schnur. Dieser Keder wird zwischen die Lagen der zu nähenden Naht (Abb. 32) gelegt. Er sollte nicht bis zum Nahtende zwischen die Lagen gesteppt werden. Nähen Sie die letzten Stiche ohne Keder. Danach können Sie die Tasche vorsichtig durch die Taschenöffnung herausziehen (Farbfoto 6).

Abb. 32
Querschnitt durch eine Kedernaht

6 Kalbsledertasche mit Keder und passender Gürtel mit Bugkanten

8 Schärfen, Spalten und Hohlkehlen schneiden

Schärfen oder Verdünnen

Während man bei Fell (dünnerem Leder) von Schärfen spricht, nennt man den Vorgang in bezug auf Haut (dickerem Leder) Verdünnen. Beide Bezeichnungen beschreiben jedoch den gleichen Arbeitsprozeß, d. h. das Reduzieren der Lederstärke, um Schnallen, D-Ringe und Griffbeschläge anbringen, Kanten umbugen, zwei Lederteile zusammennähen und Kanten einfassen zu können.

Das Schärfen oder Verdünnen erfolgt ausnahmslos auf der Fleischseite des Leders. Wenn Sie in der Lage sind, das Leder sehr sorgfältig zu verdünnen, erhöht das Ihre Gestaltungsmöglichkeiten. Die meisten Schärfarbeiten können Sie mit einem scharfen Schärfmesser erledigen, doch lohnt es sich auch, eine Schärfmaschine anzuschaffen, die an der Werkbank angebracht wird. Ein Schärfstein, auch Lithostein genannt, ist für eine saubere Arbeit wichtig, ersatzweise kann auch eine glatte Marmorplatte verwendet werden. Der Streichriemen sollte sich immer in der Nähe des Steins befinden und regelmäßig benutzt werden. Wichtig ist, daß das Messer rasiermesserscharf bleibt.

Gürtel und Riemen

Leder, das stärker als 2,5 mm ist und für Gürtel, Griffe und Riemen verwendet werden soll, muß verdünnt werden, um gebogen werden zu können. Entfernen Sie aber nicht mehr als ein Drittel der Lederstärke, und beginnen Sie damit mindestens 10 mm vor dem Punkt, an dem sich das Leder um die Schnalle legen soll. Halten Sie den Riemen gut fest, und setzen Sie das Schärfmesser so an, daß die Schnittkante parallel zum Riemenende verläuft. Halten Sie die Klinge in einem Winkel von etwa 30 Grad, und drücken Sie sie vorwärts, so daß ein diagonaler Schnitt entsteht, bis Sie am Ende ankommen (Abb. 33a). Halten Sie nun das Messer in einem steileren Winkel, und entfernen Sie mit der Klinge sämtliche rauhen Fasern am Riemenende (Abb. 33b). Es empfiehlt sich, die Schnittfläche anzufeuchten und sie vorsichtig Narben-auf-Narben nach innen zu biegen, damit die Oberfläche nicht reißen kann.

Halteschlaufen für D-Ringe werden aus einem Lederstreifen gemacht, der in der Mitte längs zusammengefaltet wird und in dem der D-Ring gehalten wird. Das Leder, das den Ring umschließt, sollte seine volle Stärke behalten. Die beiden Enden sollten allerdings auf halbe Lederstärke verdünnt werden, wenn das Leder stärker als 2,5 mm ist. Verdünnen Sie es so, als würde es sich um eine Schnalle handeln.

Umschläge

Die Bugkante ist eine Art der Kantengestaltung, die man an Brieftaschen, Börsen, Taschen und Taschenüberschlägen anwendet, die aus Leder mit einer Stärke von weniger als 1,5 mm gefertigt sind (siehe Seite 37). Entscheiden Sie zuerst, wie breit der Umschlag werden soll. In den meisten Fällen dürften 10 mm genügen. Ziehen Sie auf der Fleischseite mit einem feinen Stift 10 mm neben der Lederaußenkante eine Linie; das ist der Falz. Ziehen Sie eine weitere Linie im Abstand von 20 mm; das ist die Leimlinie.

Methode 1

Drücken Sie das Leder fest auf den Lithostein, und setzen Sie das Schärfmesser 2 mm hinter dem Falz an

Abb. 33
Querschnitt durch geschärfte oder verdünnte Kanten:
(a) an Gürtel- oder Riemenenden oder zum Überlappen von Einfassungen;
(b) an einer sauberen Lederkante und
(c) an einer Bugkante

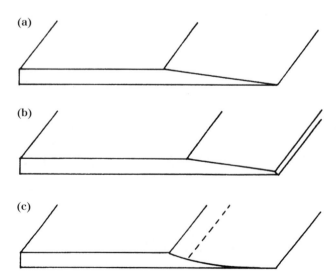

Schärfen, Spalten und Hohlkehlen schneiden

der oberen linken Ecke an. Das Messer sollte im 45°-Winkel gehalten werden. Drücken Sie es nieder, bis Sie spüren, daß es in das Leder schneidet. Senken Sie nun Ihr Handgelenk, um den Klingenwinkel zu verkleinern, und drücken Sie es nach vorne zur Kante (Abb. 34), so daß Schnittiefe und Schnittwinkel wie auf der Darstellung in Abb. 33c erzeugt werden. Führen Sie das Messer nun an der Kante weiter, und wiederholen Sie den Vorgang, bis sie geschärft ist (Abb. 35). Halten Sie das Messer durch häufiges Abziehen auf dem Streichriemen scharf. Fehler passieren, wenn das Messer stumpf ist und man zu viel Druck ausübt. Um lose Fasern zu entfernen und eine saubere Kante zu erzeugen, sollten Sie das Messer im 45°-Winkel und die Klinge im Abstand von 1 mm parallel zur Kante ansetzen. Drücken Sie die Klinge schneidend von links nach rechts, damit eine saubere Kante entsteht (siehe Abb. 33b).

Methode 2
Verstellen Sie den Zwischenraum zwischen dem Amboß und dem Messer der Schärfmaschine mit Hilfe der Flügelmutter am unteren Ende. Stellen Sie die Schärfmaschine mit Hilfe eines Lederrestes so ein, daß das Messer die halbe Lederstärke entfernt. Achten Sie darauf, daß der Amboß genau parallel ist. Schieben Sie nun die rechte Lederaußenkante mit der Fleischseite nach oben unter das Messer (Abb. 36). Mit der gezeichneten Linie als Hilfslinie ziehen Sie das Leder mit Daumen und Zeigefinger der rechten Hand von rechts nach links und drücken es mit den Fingern der linken Hand fest auf den Amboß (Abb. 37). Wichtig ist, daß Sie das Leder über dem Amboß gespannt halten, da das Messer sonst durch das Leder hindurchschneidet. Erzeugen Sie mit dem Schärfmesser, wie oben beschrieben, eine saubere Kante (siehe Seite 40).

Einfassungen
Lederaußenkanten lassen sich auch mit einem schmalen Lederstreifen einfassen (siehe Kapitel 7). Eine solche Ledereinfassung kann an einem Produkt aus dickerem Leder bis zu 1 mm stark sein bzw. nur 0,5 mm, wenn es sich zum Beispiel um eine Kalbsledertasche handelt. Mit einer Schärfmaschine haben

Abb. 34
Die Kante wird mit einem Schärfmesser auf einem Lithostein geschärft

Abb. 35
Die Kante ist geschärft und kann nun umgebugt werden

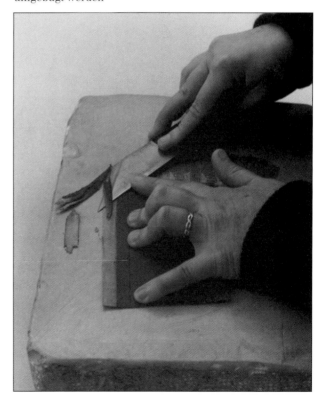

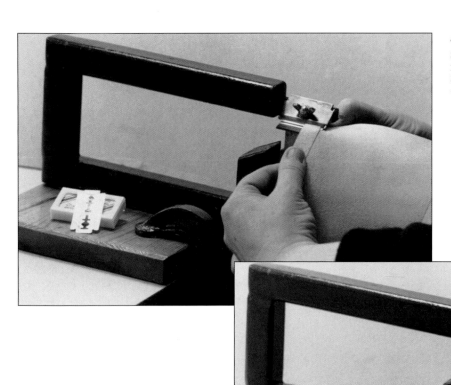

Abb. 36
Schärfen einer Kante mit Hilfe einer Schärfmaschine in der Anfangsphase

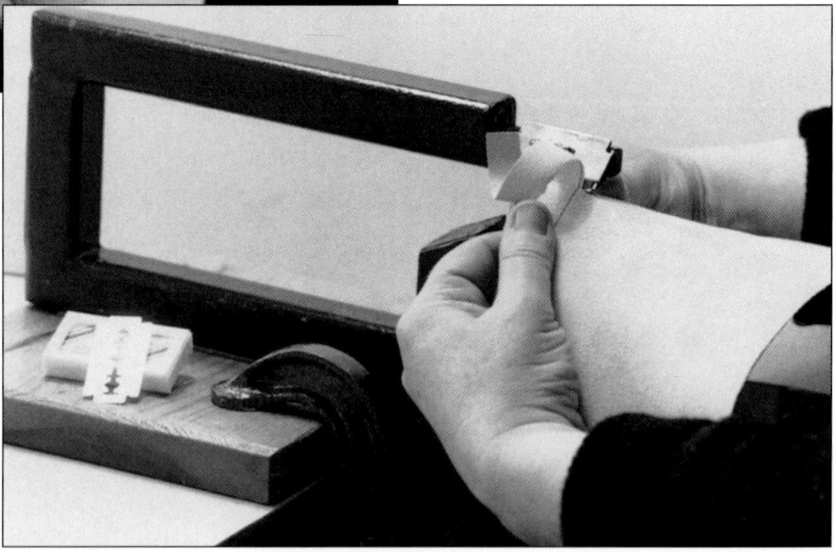

Abb. 37
Schärfen der Kante entlang der Umbuglinie

Sie die Garantie, daß die Stärke eines schmalen Lederstreifens gleichmäßig verdünnt wird, ganz gleich, ob es sich um dickeres oder dünneres Leder handelt. Achten Sie darauf, daß der Amboß parallel ist, und verdünnen Sie gegebenenfalls in zwei oder drei Arbeitsgängen.

Spalten

Eine Tasche aus zu starkem Leder anzufertigen ist harte Arbeit. Verdünnen Sie das Leder deshalb möglichst mit Hilfe einer an der Arbeitsbank montierten Spaltmaschine. Entfernen Sie nie mehr als ein Drittel der Stärke, denn das Leder würde sich sonst dehnen und weich werden.
Ermitteln Sie die Schnittiefe an einem Lederrest und stellen Sie die Walze entsprechend ein. Spalten Sie ein Stück Leder, das etwas größer ist als erforderlich.

Nach dem Spalten kann es in die richtige Größe zugeschnitten werden. Schieben Sie den Andruckhebel nach hinten, und legen Sie den Lederstreifen mit der Fleischseite nach oben über die Walze und unter das Messer (Abb. 38). Vergewissern Sie sich, daß das Leder hinter dem Messer lang genug ist, um mit einer Zange oder den Fingern gegriffen werden zu können. Halten Sie das Leder gerade, und ziehen Sie es vorsichtig durch die Maschine (Abb. 39). Ist das Leder lang genug, so können Sie auf die Zange verzichten. Mit der Spaltmaschine kann man auch Schnallen- und Riemenenden verdünnen, vorausgesetzt daß das Leder fest ist (Abb. 40).

Hohlkehlen schneiden

Um Einsätze und Teile, die in Taschen, Dosen und Koffern im rechten Winkel gebogen werden und die

Schärfen, Spalten und Hohlkehlen schneiden

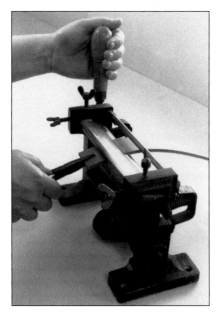

Abb. 38
Dieser mit der Fleischseite nach oben zeigende, zwischen Messer und Walze einer Spaltmaschine gelegte Lederstreifen kann nun gespalten werden

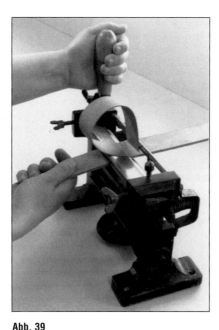

Abb. 39
Ziehen Sie das Leder vorsichtig durch die Spaltmaschine

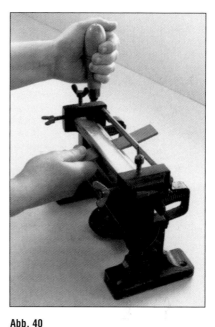

Abb. 40
Verdünnen eines Riemen- oder Gürtelendes

aus Leder bestehen, das stärker als 1,5 mm ist, zu formen, sollten Sie auf der Fleischseite eine schmale Hohlkehle entlang der Biegelinie schneiden. Tun Sie das nicht, neigt sie dazu, sich zu verziehen und unförmig auszusehen. Das hierfür entsprechende Werkzeug ist der Lederausheber, der ein V- oder U-förmiges Schneidende hat. Der einfache Lederausheber hat keine Führung. Daher kann er zum Ausheben von Hohlkehlen an Biegelinien benutzt werden, wobei ein Stahllineal als Führung dient. Der Reißzirkel ist ideal, um Hohlkehlen in Einsätzen zu erzeugen. Ihn verwenden Geschirrmacher und Sattler, um in die Narbenoberfläche Hohlkehlen für Ziersteppnähte einzuschneiden. Werden die Stiche in einer solchen Kerbe versenkt, unterliegen Sie geringerer Beanspruchung.

Legen Sie das Leder mit der Fleischseite nach oben auf die Werkbank. Wenn es ungewachst ist, feuchten Sie es mit Wasser an, um die Fasern weich zu machen. Stellen Sie die Weite des Zirkels ein. Drücken Sie das Leder mit einer Hand flach, und ziehen Sie den Lederausheber mit der anderen Hand auf sich zu (Abb. 41). Wiederholen Sie den Vorgang, bis die Hohlkehle tief genug ist, um das Leder ohne Spannung biegen zu können. Die Tiefe der Hohlkehle hängt von der Stärke des Leders und dessen Flexibilität ab. Jedoch wäre es unklug, tiefer als die halbe Stärke zu schneiden; die Kerbe sollte vorzugsweise eine Tiefe von einem Drittel der Lederstärke haben. Verwenden Sie zum Einschneiden einer Hohlkehle entlang eines Falzes einen Stahlwinkel als Führung. Achten Sie darauf, daß der Winkel nicht verrutscht!

Abb. 41 Einschneiden der Hohlkehle mit dem Reißzirkel

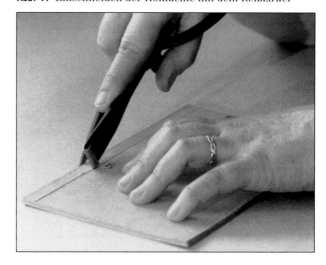

9 Verleimen

Der vielseitigste Leim ist der für Lederarbeiten geeignete PVA-Leim. Man benutzt ihn, um Schablonenteile und anzunähende Einsätze zu fixieren, Bugkanten zu befestigen und Futter und Verstärkungsmaterial anzubringen.

PVA-Leim trägt man mit einem Borstenpinsel auf. Er zieht leicht in die Fleischseite des Leders ein, soweit jegliches Wachsfinish abgeschabt wurde. Die Narbenoberfläche sollte geschmirgelt werden, damit der Leim leichter einziehen kann. Er kann mit Wasser verdünnt werden, und da er wasserlöslich ist, verursachen Spuren von PVA-Leim auf Schnittkanten beim Polieren keine Probleme. Tragen Sie auf beide Flächen PVA-Leim auf, und setzen Sie die Flächen zusammen, wenn er sich von Weiß in Klar zu verfärben beginnt und klebrig und zäh ist. Pressen Sie die Teile mit lederbezogenen Leimklemmen zusammen, oder legen Sie sie unter Druck, bis der Leim vollkommen getrocknet ist. Beim Verleimen von Verstärkungsmaterial und Lederfutter können Sie den Leim nur einseitig auftragen, wenn Sie die Teile zusammensetzen, während der Leim noch weiß ist. PVA-Leim bleibt auch nach dem Trocknen flexibel.

Gummilösung ist ein Kontaktkleber. Sie ist ideal geeignet, um Ecken, die mit Schrägsteppstich genäht werden, zusammenzuhalten sowie um Bugkanten von gefütterten Gürteln und Taschen zu fixieren.

Bringen Sie mit einem Spatel aus Metall oder Karton eine dünne Schicht Gummilösung auf beide Flächen auf, die Sie zusammensetzen, wenn die Gummilösung fast trocken ist. Da Gummilösung nicht gut einzieht, können die Flächen leicht wieder gelöst werden. Die Dämpfe der Gummilösung sind giftig – arbeiten Sie also in einem gut belüfteten Raum, und halten Sie Kinder fern.

Leim auftragen

Einsätze
Bestreichen Sie beide Flächen dünn mit PVA-Leim, und achten Sie darauf, daß kein Leim an die Kanten gelangt. Setzen Sie die Flächen zusammen, solange der Leim zäh ist, und fixieren Sie diese mit Leimklemmen, bis der Leim trocken ist.

Flache Arbeiten
Brieftaschen, Schreibmappen und Innentaschen müssen fixiert werden, bevor man sie näht. Tragen Sie, etwa 5 mm von den Kanten entfernt, linienförmig PVA-Leim auf, und klemmen Sie sie mit Leimklemmen fest, bis der Leim trocken ist.

Bugkanten
Nach dem Schärfen wird die Kante umgeschlagen und vorzugsweise mit PVA-Leim verleimt. Es ist ratsam, ein Blatt Papier unter die Leimlinie zu legen, damit man schnell und sauber arbeiten kann (Abb. 42). Wird die Kante mit einem Futter verdeckt, – beispielsweise an einem gefütterten Kalbsledergürtel – kann man Gummilösung verwenden.

Futter aus Leder
Ein Lederfutter wird in der Regel großflächig verleimt. Schneiden Sie das Futter größer als erforderlich zu, und markieren Sie die Mitte des Futterleders sowie die des Taschenleders. Tragen Sie PVA-Leim nur auf das Taschenleder auf. Legen Sie ein Blatt Butterbrotpapier bis zur Mittenmarkierung, und leimen Sie das Futter auf die andere Hälfte. Streichen Sie von der Mitte her die Falten aus dem Futter. Ziehen Sie das Papier heraus, und verleimen Sie die andere Hälfte.

Materialien und Werkzeuge für das Verleimen

PVA-Leim für Lederarbeiten	Gummilösung	Beide
Wachs- oder Butterbrotpapier	15 mm breiter Metallspatel	Einfaches Papier (Packpapier)
10-mm- und 20-mm-Flachpinsel		Falzbein
Alte Telefonbücher		Ballen aus einem weichen Lappen
Lederbezogene Leimklemmen		

Verleimen

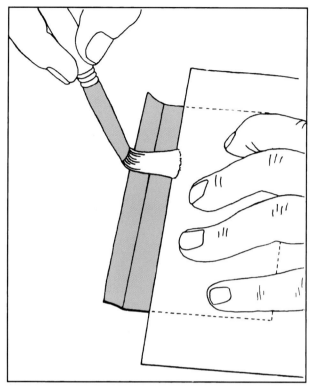

Drücken Sie Luftblasen und Falten mit einem weichen Lappen heraus (Abb. 43), und drücken Sie rundherum gut fest. Schneiden Sie das überstehende Futter mit einem sehr scharfen Messer ab, wenn der Leim vollkommen trocken ist. Futter, das man an Flächen befestigt, die zum Beispiel wie Taschenüberschläge und Gürtel gebogen werden, sollte bereits »mit Biegung« verleimt werden, damit die Biegung später keine Falten wirft (Abb. 44).

Futter aus Stoff
Besteht ein Futter aus Stoff, so wird es in der Regel nur an den Kanten befestigt und beim Nähen des Umschlags oder der Einfassung mit festgenäht. Tragen Sie eine dünne Schicht PVA-Leim auf das Leder auf, und legen Sie den Stoff an, während der Leim noch naß ist. Textile Futter eignen sich nicht für Lederartikel mit Schnittkanten.

Abb. 42 Angelegter Papierstreifen zum sauberen Verleimen der Bugkante

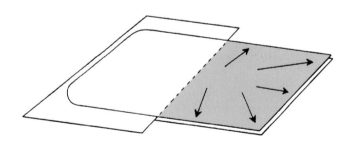

Abb. 43 Das Lederfutter einer Tasche wird jeweils zur Hälfte verleimt

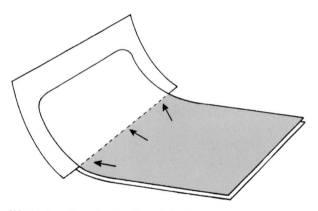

Abb. 44 Das Butterbrotpapier wird entfernt und das Futter des Überschlags »mit Biegung« verleimt

10 Das Nähen von Hand

Vor der Inangriffnahme eines jeden Arbeitsstückes aus diesem Buch müssen Sie eine grundlegende Technik beherrschen: das Nähen von Hand. Wenn Handgenähtes ordentlich gearbeitet wurde, sieht es nicht nur gut aus, sondern ist zudem wesentlich stabiler als Maschinengenähtes.

Die dafür benötigten Werkzeuge und Materialien sind Schwertahle, Nähkluppe, Durchstecheisen, Stechzirkel, Rohhauthammer, Messer, Zange, Sattlernadeln, Bienenwachs, Leinenzwirn und Falzbein. Stichlänge, Ahlengröße, Garn- und Nadelstärke hängen von der Stärke und Dichte des Leders ab. Die Fotos und Beschreibungen veranschaulichen die Nähtechniken aus der Sicht eines Rechtshänders. Wenn Sie Linkshänder sind, müssen Sie sich den Nähvorgang von links nach rechts vorstellen und die Ahle in der linken statt in der rechten Hand halten.

Die meisten Arbeiten können Sie mit einem 57-mm-Ahleisen ausführen. Sorgen Sie dafür, daß jede Seite des Eisens glatt ist, damit es fast mühelos durch das Leder gleitet (siehe Kapitel 2).

Der Sattlerstich

Der Sattlerstich ist die gebräuchlichste und vielseitigste Stichart. Es handelt sich im Grunde um die gleiche Nähtechnik wie beim Schrägsteppstich, Schrägstich und beim Quilten. Vor jedem Projekt sollten Sie an einem etwa 3 mm starken doppellagigen Lederrest üben, bis Sie das Gefühl haben, die Technik zu beherrschen.

1. Reißen Sie im Abstand von 2,5 mm zur Lederaußenkante mit dem Stechzirkel eine Linie an.

2. Setzen Sie das Durchstecheisen mit festem Griff in der Mitte auf die Linie, und schlagen Sie es mit dem Lederhammer ein, so daß eine Reihe schräger Schlitze entsteht (Abb. 45). Dies sind nur Hilfsmarkierungen, die das Leder nicht ganz durchstechen sollten. Zum Weiterziehen des Nahtverlaufs setzen Sie das Durchstecheisen in die letzten zwei oder drei bereits vorhandenen Markierungen. Auf diese Weise läuft die Linie nicht so leicht aus der Geraden. Arbeiten Sie dort, wo Ihre Werkbank eine stabile Stütze hat, da das Eisen beim Schlagen sonst federt.

3. Wenn Sie eine Kurve markieren, neigen Sie das Durchstecheisen zu einer Seite und arbeiten nur mit zwei oder drei Zähnen. Wenn Sie ein Kopierrädchen benutzen, sollten Sie es sehr langsam führen, damit es nicht von der Linie abkommt.

4. Die benötigte Fadenlänge berechnen Sie, indem Sie die gesamte Nahtlänge mit vier multiplizieren. Fädeln Sie eine Nadel auf jedes Ende Ihres Fadens. Wenn Sie dickeres Garn als 18/3 benutzen, d. h. dreifädiges der Garnstärke 18, müssen Sie die Fadenenden anspitzen. Legen Sie dazu das Fadenende auf die Werkbank, und setzen Sie etwa 8 cm vom Fadenende entfernt eine Messerklinge an. Neigen Sie die Klinge im 45°-Winkel in Richtung auf das Ende, das angespitzt werden soll, und ziehen Sie den Faden vorsichtig unter der Klinge durch. Der

Lederstärke	Stiche auf 2,5 cm	Garnstärke	Fadenzahl	Nadelstärke der Sattlernadel	Ahlengröße
kleiner gleich 1 mm	12	35	3	6 oder 7	45 mm (1 3/4 in)
1,5 mm	10	30 oder 25	3	5 oder 6	51 mm (2 in)
2,0–2,5 mm	8	18	3	5	57 mm (2 1/4 in)
2,5–4 mm	7	18	4	5 oder 4	57 mm (2 1/4 in)
4,0–6 mm	7	18	5 und 6	4 oder 3	63 mm (2 1/2 in)

Das Nähen von Hand

Abb. 45 Die Stiche des Nahtverlaufs werden mit einem Durchstecheisen markiert

Faden fasert auf und geht auseinander. Verfahren Sie so, bis ein langes Fadenende angespitzt ist. Bearbeiten Sie das andere Fadenende auf die gleiche Weise.

5. Wachsen Sie den Faden mit Bienenwachs. Ziehen Sie ihn dazu mehrmals über den Wachsblock, bis er vor allem an den Enden dick beschichtet ist. Befestigen Sie nun die Nadeln an den Enden (Abb. 46).

6. Legen Sie das Leder so in die Nähkluppe, daß die zu steppende Naht oben liegt. Wichtig ist, daß Sie beim Nähen bequem sitzen, d.h. hoch genug, um die Klemmbacken der Nähkluppe mit den Knien zusammendrücken und dabei die Füße auf einer Stange oder Fußbank absetzen zu können. Nähen Sie möglichst auf sich zu.

7. Nehmen Sie die Ahle und drehen Sie das Eisen, bis zwei Seiten auf Sie zu zeigen und die obere Seite parallel zur Lederkante verläuft. Durchstechen Sie das Leder an der ersten mit dem Durchstecheisen ausgeführten Markierung mit einer schnellen, stoßenden Bewegung. Drehen Sie das Ahleisen beim Durchstechen des Leders nicht, da das Loch sonst statt klein und rautenförmig zu groß und rund würde. Behalten Sie die Ahle in der Hand, und schieben Sie eine Nadel durch das Loch. Ziehen Sie den Faden durch, bis er auf beiden Seiten gleich lang ist.

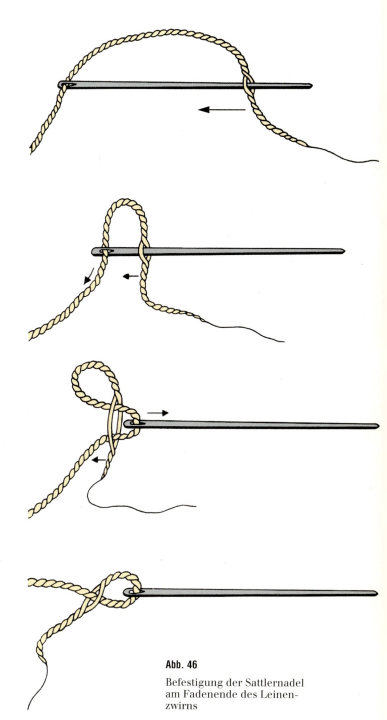

Abb. 46
Befestigung der Sattlernadel am Fadenende des Leinenzwirns

8. Halten Sie eine Nadel mit der linken Hand und die andere mit dem Zeige- und Mittelfinger der rechten Hand, und stechen Sie das nächste Loch mit der Ahle vor (Abb. 47 und 48).

9. Halten Sie die Ahle mit dem kleinen Finger in der rechten Handfläche, und führen Sie die Nadel mit Daumen und Zeigefinger weiter. Schieben Sie die linke Nadel durch das Loch (Abb. 49).

10. Halten Sie die rechte Nadel hinter die linke, so daß ein Nadelkreuz entsteht (Abb. 50). Greifen Sie dazu die linke Nadel mit Daumen und Zeigefinger der rechten Hand, und ziehen Sie die linke Nadel durch (Abb. 51).

11. Drehen Sie die rechte Hand gegen den Uhrzeigersinn, bis die Spitze der rechten Nadel in das gleiche Loch gestochen werden kann und dabei hinter dem Faden liegt (Abb. 52). Die Nadelspitze darf nicht in den Faden stechen (Abb. 53).

12. Legen Sie den Faden über die Nadel (Abb. 54), und ziehen Sie ihn mit Daumen und Zeigefinger der linken Hand durch das Loch (Abb. 55).

Abb. 47
Die Ahle sticht das zweite Loch vor –
Blick von der rechten Seite

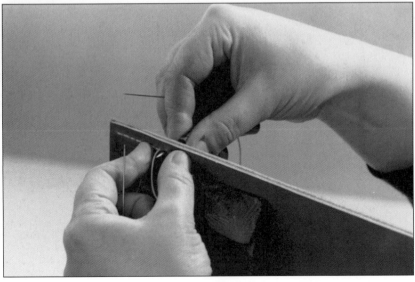

Abb. 48
Die Ahle kommt auf der linken Seite
wieder heraus – einige Stiche später

Das Nähen von Hand

Abb. 49

Die linke Nadel durchsticht das Loch stets zuerst

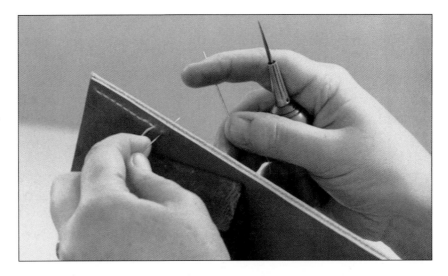

Abb. 50

Die rechte Nadel liegt hinter der linken und bildet mit dieser ein Nadelkreuz

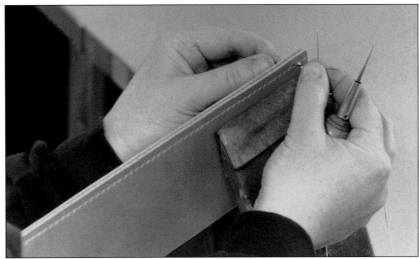

Abb. 51

Die linke Nadel wird durchgezogen

13. Ziehen Sie die Stiche mit gleichmäßigem Zug mit beiden Händen stramm (Abb. 56).

14. Wiederholen Sie diese Arbeitsschritte entweder, bis der Faden aufgebraucht ist oder Sie am Nahtende angelangt sind.

Steppen Sie am Ende zum Vernähen des Fadens zwei oder drei Stiche zurück. Ziehen Sie beide Fadenenden auf die Rückseite der Arbeit, und schneiden Sie so nah wie möglich an der Steppnaht ab.

Arbeiten Sie nach dieser Methode, werden Ihre Steppnähte durchweg ordentlich aussehen. Wenn Sie die Ahle nicht aus der Hand legen, kommen Sie bald in einen Rhythmus hinein. Halten Sie also durch, bis Sie den Dreh heraushaben!

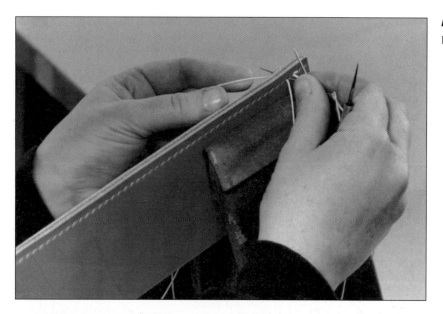

Abb. 52
Die rechte Nadel wird durchgeschoben

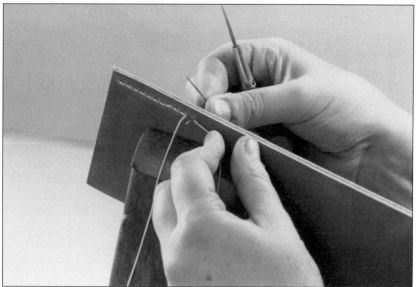

Abb. 53
Halten Sie den Faden zur Seite, wenn die rechte Nadel durchgestochen wird

Das Nähen von Hand

Abb. 54
Legen Sie den Faden über die rechte Nadel; das nennt man Überheben

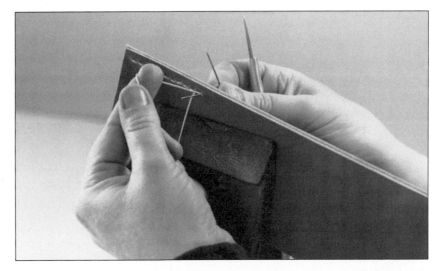

Abb. 55
Die rechte Nadel wird durchgezogen

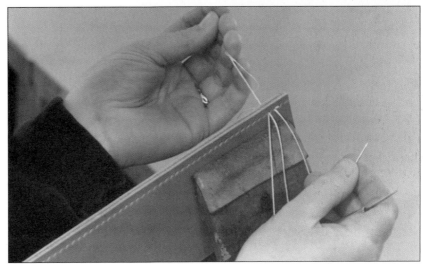

Abb. 56
Der Stich wird gleichmäßig strammgezogen

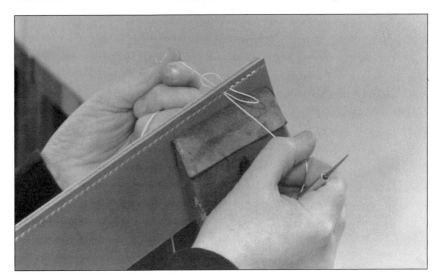

7 Zwei Lederschachteln

Der Schrägsteppstich

Eine Schrägsteppstichnaht wird an Aufbewahrungsbehältern, Koffern, Dosen und Taschen ausgeführt. Sie ähnelt zwar sehr der Sattlernaht, doch wird sie über Eck gearbeitet und nicht von Seite zu Seite (Abb. 57). Um gute Ergebnisse zu erzielen, sollte man festes Leder benutzen, das nicht dünner als 2,5 mm ist. Attachékoffer werden mit Graupappe verstärkt. Taschen, Börsen und Behälter ohne Verstärkungsmaterial werden über einem Stützklotz genäht. Einen solchen Stützklotz können Sie sich aus mehreren Lagen Karton oder aus massivem Holz herstellen.

Fertigen Sie zum Erlernen des Schrägsteppstichs einen einfachen Behälter an, bevor Sie ein kompliziertes Stück in Angriff nehmen (Farbfoto 7).

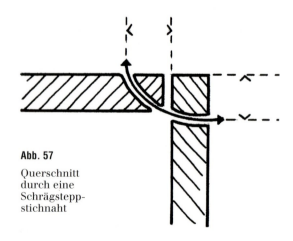

Abb. 57
Querschnitt durch eine Schrägsteppstichnaht

Das Nähen von Hand

Quadratische Schachtel

1. Schneiden Sie aus 2,5–3 mm starkem Leder ein 10 cm breites und 30 cm langes Mittelteil und zwei quadratische 97×97 mm große Seitenteile zu. Ziehen Sie die beiden kurzen Enden des Mittelteils und an jedem der Seitenteile eine der Kanten ab, und polieren Sie diese. Polieren Sie auch die beiden Längsseiten des Mittelteils (ziehen Sie diese nicht ab).
2. Heben Sie mit dem Lederausheber auf der Fleischseite des Mittelteils von einer Längsseite zur anderen, jeweils im Abstand von 10 cm zu den Enden zwei flache Hohlkehlen aus (siehe Kapitel 8).
3. Markieren Sie – 3 mm von den Längskanten des Mittelteils entfernt – mit einem Durchstecheisen der Größe 7 den Nahtverlauf. Markieren Sie die entsprechende Anzahl von Stichen an den drei Kanten der Seitenteile.
4. Setzen Sie die Ahle schräg an, und stechen Sie die Stichlöcher auf einer Korkunterlage in den Seitenteilen vor. Die Ahlenspitze sollte gerade oberhalb

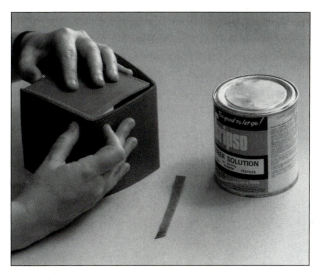

Abb. 59 Vor dem Nähen werden die Seitenteile mit Gummilösung fixiert

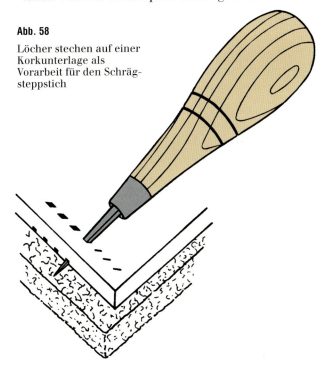

Abb. 58 Löcher stechen auf einer Korkunterlage als Vorarbeit für den Schrägsteppstich

der Unterkante des Leders wieder herauskommen (Abb. 58).

5. Feuchten Sie die Hohlkehlen auf der Fleischseite an, und biegen Sie die Rück- und Vorderseite mit dem Falzbein rechtwinklig.

6. Bestreichen Sie die zusammenzunähenden Flächen mit Gummilösung, und leimen Sie die Seitenteile fest (Abb. 59).
7. Stellen Sie in das Innere der Schachtel zur Verstärkung einen Stützklotz, und halten Sie die Teile beim Nähen mit breiten Gummibändern zusammen. Plazieren Sie die Schachtel so, daß das Mittelteil nach rechts zeigt. Bereiten Sie, wie oben beschrieben, einen Faden vor.
8. Stechen Sie im Mittelteil die Löcher mit der Ahle im 90°-Winkel vor (Abb. 57). So stößt die Spitze des Ahleisens auf das entsprechende Loch im Seitenteil. Beginnen Sie wie beim Sattlerstich, und achten Sie

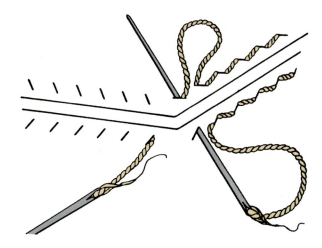

Abb. 60 Schrägsteppstichnaht an einer Ecke

darauf, die Stiche nicht zu stramm zu ziehen und nicht überzuheben. Wenn Sie an der Ecke ankommen, stechen Sie das Loch um die Ecke im Mittelteil vor und schieben die linke Nadel dort hindurch – statt sie durch das benachbarte Loch zu stechen (Abb. 60). Mit der rechten Nadel vollenden Sie den Stich, indem Sie vom Mittelteil zum Seitenteil übergehen, im Eckloch ankommen, um dann den Boden nähen zu können.

Wie man einen Deckel herstellt

1. Schneiden Sie das Deckelmittelteil und zwei Deckelseiten zu. Die Teile müssen zwei Lederstärken breiter sein als die Schachtel, da der Deckel leicht über das Unterteil passen und nicht zu fest sitzen sollte.
2. Heben Sie zwei Hohlkehlen aus dem Deckel aus. Der Abstand zwischen den beiden Hohlkehlen sollte der Fertigbreite des Schachtelunterteils entsprechen. Feuchten Sie sie an, und biegen Sie die Teile rechtwinklig.
3. Fertigen Sie den Deckel in der gleichen Weise wie die Schachtel an, und verwenden Sie beim Nähen das Unterteil der Schachtel als Form.

In der gleichen Weise kann eine runde Dose mit einer Schrägsteppstichnaht zusammengenäht werden. Zuvor müssen jedoch die Seitennähte mit einer Stoßnaht zusammengesteppt werden.

Der Schrägstich

Die mit Schrägstich erzeugte Stoßnaht nennt der Schuhmacher auch Spalt- oder Rundnaht. Bei dieser Technik näht man zwei Lederteile mit Schrägstich aneinander, indem man die Stiche im 180°-Winkel durch beide Teile arbeitet, so daß zu beiden Seiten des Stoßes eine Stichreihe entsteht (Abb. 61). Früher war es üblich, zahlreiche Gebrauchsgegenstände, wie Kragenschachteln, Eimer, Helme und Schwertscheiden und auch die rückwärtige Naht an Stiefeln und Schuhen mit einer Stoßnaht zusammenzunähen. Den Schrägstich zu beherrschen ist ebenso nützlich wie den Schrägsteppstich, da diese Technik Ihnen bezüglich des Designs Möglichkeiten eröffnet, die sich Ihnen andernfalls nicht erschließen würden. Fertigen Sie als praktische Übung eine kleine runde Box.

Runde Box

1. Stellen Sie sich eine Form aus einem zylinderförmigen Holzstück oder einem Pappröhrenabschnitt her.
2. Schneiden Sie aus 3 mm starkem Leder ein Mittelteil zu, das gerade so lang ist, daß es um den Zylinder gewickelt werden kann, und dessen kurze Seiten stumpf aneinanderstoßen. Schneiden Sie außerdem einen Boden zu, der den gleichen Durchmesser wie der Zylinder hat.
3. Ziehen Sie eine Längskante des Mittelteils ab, und polieren Sie diese. Markieren Sie dann an dieser Kante den Nahtverlauf im Abstand von 3 mm zur Lederkante. Polieren Sie die andere Längskante.

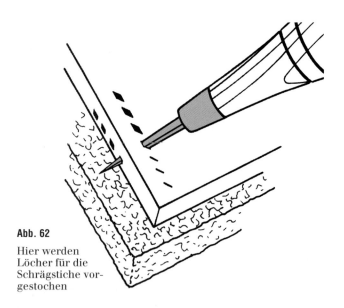

Abb. 62
Hier werden Löcher für die Schrägstiche vorgestochen

4. Markieren Sie den Nahtverlauf an den kurzen Seiten des Mittelteils – 3 mm von beiden Kanten entfernt – mit einem Durchstecheisen der Größe 7. Stechen Sie die Löcher auf einer Korkunterlage mit der Ahle so schräg vor, daß die Ahlenspitze ein Drittel oberhalb der Lederunterkante herauskommt (Abb. 62).
5. Markieren Sie die Stiche im Boden möglichst mit einem Durchstecheisen der Größe 8, und stechen Sie diese im rechten Winkel durch.
6. Wickeln Sie das Mittelteil um den Zylinder, und halten Sie es mit breiten Gummibändern zusammen.

Abb. 61 Querschnitt durch eine Stoßnaht

Das Nähen von Hand

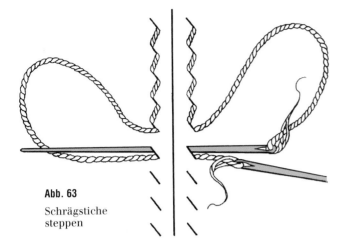

Abb. 63 Schrägstiche steppen

Der Hinterstich

Der Hinterstich wird hauptsächlich für Reparaturarbeiten und zum Annähen von Stoff an Leder ausgeführt. Besonders gern wenden ihn Sattler und Zaumzeugmacher an, da die rückwärtige große Stichlänge verhindert, daß der Faden zartes Leder oder Stoff durchschneidet und er außerdem auch schön aussieht.

1. Markieren Sie die Stiche mit einem Durchstecheisen.
2. Nehmen Sie einen Faden, der dreimal so lang ist wie die Steppnaht. Spitzen Sie ein Fadenende an, wachsen Sie den Faden mit Bienenwachs, und fädeln Sie eine Nadel ein.
3. Klemmen Sie das Leder in die Nähkluppe, und stechen Sie mit der Ahle durch die ersten beiden Lochmarkierungen.
4. Ziehen Sie Nadel und Faden von links durch das zweite Loch, und lassen Sie ein langes Fadenende herabhängen, das mit vernäht wird.
5. Stechen Sie die Nadel von rechts in das vorherige Loch, und ziehen Sie diese mit der anderen Hand durch.
6. Belassen Sie die Nadel in der linken Hand, und stechen Sie mit der Ahle das nächste Loch vor (Abb. 64).
7. Stechen Sie die Nadel von links in dieses Loch. Ziehen Sie die Nadel nach rechts durch, und ziehen Sie den Faden mit dem Daumen der linken Hand zu einer Schlinge (Abb. 65).

7. Nähen Sie die Naht mit Schrägstich zusammen (Abb. 63). Ziehen Sie die Fäden vorsichtig nach unten stramm, damit sie den Narben nicht zerreißen.
8. Stechen Sie im Boden die Löcher für die Schrägsteppstiche vor (Abb. 58). Leimen Sie ihn mit Gummilösung unten an der Box fest, und nähen Sie eine Schrägsteppstichnaht. Wenn die Stiche aus der Flucht laufen, stechen Sie zweimal in dasselbe Loch im Boden und nähen zwei Löcher an der Seite weiter, so daß Sie auf einer Seite um einen Stich »hinterherhinken« (siehe Kapitel 18).

Fertigen Sie einen Deckel an, und verwenden Sie dabei das Unterteil der Schachtel als Form.

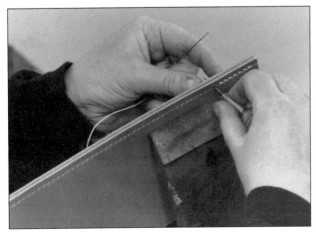

Abb. 64 Vorstechen der Hinterstiche mit der Ahle

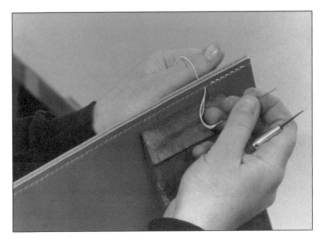

Abb. 65 Die Nadel wird von links nach rechts durch das Loch gestochen. Auf der Rückseite zieht man den Faden mit dem linken Daumen zu einer Schlinge

8. Führen Sie die Nadel durch das vorherige Loch zurück (Abb. 66) unter die Schlinge (Abb. 67). Ziehen Sie den »hinteren« Stich mit der rechten Hand stramm und dann mit der linken Hand den vorderen Stich (Abb. 68).
9. Steppen Sie bis zum Ende der Naht. Steppen Sie am Ende zwei oder drei Stiche zum Vernähen zurück.

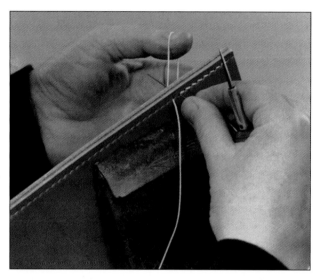

Abb. 66 Die Nadel wird durch das vorherige Loch gestochen

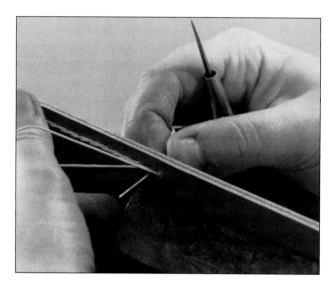

Abb. 67 Ein Blick auf die Rückseite zeigt die »Fadenlinie«

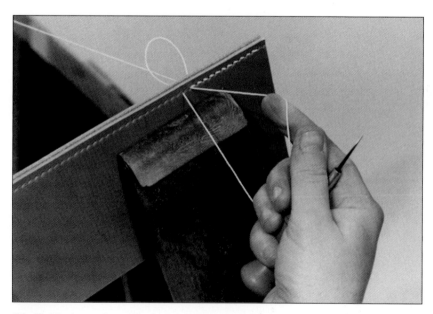

Abb. 68 Mit der rechten Hand wird der hintere Stich strammgezogen, bevor man mit der linken Hand den vorderen Stich festziehen kann

11 Einsätze

In Kapitel 5, das sich den Grundschritten des Entwurfs widmet, wurde auf die Notwendigkeit hingewiesen, daß über die Art der Einsätze bzw. Seitenteile bereits in der Entwurfsphase entschieden werden muß. Nun erfahren Sie, wie man einfache und praktische Einsätze herstellt. Wichtig ist, daß die Schablonen für die Einsätze die Lederstärke und die Nahtverläufe berücksichtigen, da diese für die Höhe und die Tiefe einer Tasche ausschlaggebend sind. Wenn ihre Größe stimmt, die Mitten richtig markiert sind und die Form ausgewogen ist, ist das Zusammenfügen einfach.

Einteiliger Einsatz mit Schnittkante

Diese Art Einsatz verwendet man an gerundeten Ledertaschen. Nehmen Sie Leder mit einer Stärke von 1,5–2,2 mm, dickeres Leder spalten Sie gegebenenfalls auf eine brauchbare Stärke (siehe Kapitel 8). Bestimmen Sie die Länge des Einsatzes, indem Sie über die Taschenvorderseite genau Maß nehmen. Die Breite des Einsatzes entspricht der geplanten Fertigtiefe der Tasche zuzüglich einer Nahtzugabe von 6 mm auf jeder Seite. Nach dem Zuschnitt des Einsatzes werden

8 Detail einer Taschenecke mit dreiteiligem Einsatz

9 Festgesteppter U-förmiger Einsatz mit polierten Kanten

die Enden abgezogen, poliert und gereifelt (siehe Kapitel 7).

Feuchten Sie die Fleischseite an, und schneiden Sie mit einem Reißzirkel – im Abstand von 6 mm zu jeder Außenkante – Hohlkehlen aus (siehe Kapitel 8). Legen Sie nun auf der Narbenseite im Abstand von 6 mm zur Lederkante einen Winkel an, und biegen Sie das Leder mit dem Falzbein rechtwinklig. Nach dem Trocknen kann der Einsatz auf Vorder- und Rückseite der Tasche geleimt und aufgesteppt werden. Vergessen Sie vor dem Zusammennähen nicht, die Mitten zu markieren und D-Ringe, Verschlüsse und Riemen anzubringen.

Dreiteiliger Einsatz mit Schnittkante

Diese Art Einsatz findet verständlicherweise nur an rechtwinkligen Taschen oder Koffern Verwendung. Die Höhe der beiden Seiteneinsätze muß der Taschenhöhe und die Breite des Bodens exakt der Taschenbreite entsprechen. Schneiden Sie die Einsätze aus 1,75–2,25 mm starkem Leder zu. Schneiden Sie aus den Seitenteilen unten 6 mm breite Einschnitte aus und vom Boden jeweils an den Ecken 6×6 mm große Quadrate (Abb. 69). Ziehen Sie die obere und untere Kante der Seitenteile ab und polieren Sie diese. Legen Sie die drei Teile mit dem Narben nach unten auf die Arbeitsbank. Feuchten Sie die Fleischseite an, und schneiden Sie mit dem auf 6 mm eingestellten Reißzirkel entlang der Kanten jedes Teils Hohlkehlen aus. Schneiden Sie auch Hohlkehlen an den Enden des Bodens. Drehen Sie die Einsätze um, und biegen Sie diese, solange sie feucht sind, mit Stahlwinkel und Falzbein rechtwinklig. Schlitzen Sie die Ecken des Bodens dort, wo sich die eingeschnittenen Kerben kreuzen, 1 mm tief ein (Abb. 70). Biegen Sie die Enden des Bodens zur Fleischseite hin rechtwinklig. Wenn das Leder trocken ist, markieren Sie die Stiche unten an den Seiten mit einem Durchstecheisen der Größe 7 und stechen auf einer Korkunterlage mit einer Ahle die Löcher vor. Leimen Sie die Seiten an den Boden (Abb. 71), und nähen Sie sie mit einer Sattlernaht zusammen.

Der perfekte dreiteilige Einsatz bildet einen exakten rechten Winkel, und seine Teile klaffen nicht auseinander, nachdem er an den Taschenkorpus geleimt und genäht wurde (Farbfoto 8, Seite 57).

U-förmiger Einsatz mit Schnittkante

Diese Art Seitenteile verwendet man an Taschen, deren Vorderseite, Boden, Rückseite und Überschlag aus

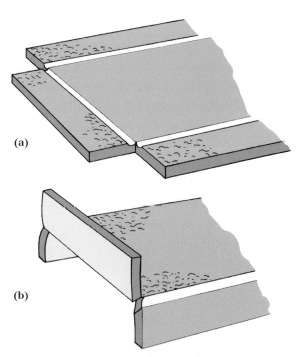

Abb. 70 (a) Hohlkehlen in der Fleischseite des Bodens; und
(b) Form des Bodens nach dem Formen der Seiten und Enden

Abb. 69 Ineinandergreifende Teile eines dreiteiligen Einsatzes

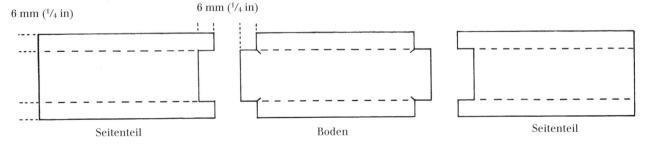

Einsätze

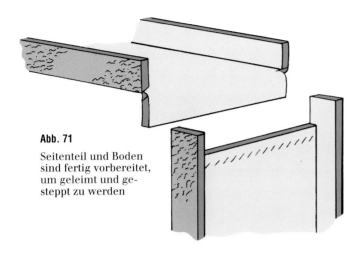

Abb. 71 Seitenteil und Boden sind fertig vorbereitet, um geleimt und gesteppt zu werden

einem Lederstück geschnitten werden. Weil sie U-förmig sind, passen sie in jede Seite gleichermaßen. Schneiden Sie die Teile aus 1,5–2 mm starkem Leder zu. Vor dem Formen ziehen Sie die oberen Kanten ab und polieren und reifeln sie. Feuchten Sie die Fleischseite an, und schneiden Sie mit dem Reißzirkel 10 mm von der Kante der U-Form entfernt eine Hohlkehle ein. Biegen Sie diesen Rand rechtwinklig, solange das Leder feucht ist, und lassen Sie ihn vollkommen trocknen, bevor Sie die Tasche zusammennähen. Um stets gleiche Einsätze und gute Ergebnisse zu erhalten, ist es ratsam, sich eine einfache zweiteilige Form herzustellen.

Schneiden Sie aus einem 10 mm starken Sperrholz einen U-förmigen Ausschnitt von der Größe des fertigen Einsatzes heraus, und schrauben Sie das verbleibende Holzstück auf ein dünnes Sperrholzbrett. Verkleinern Sie den U-förmigen Ausschnitt zur Berücksichtigung der Lederstärke rundherum um 2 mm.

Um einen Einsatz zu formen, feuchten Sie das Leder nach dem Einschneiden der Hohlkehlen wieder an und biegen die Seiten hoch. Legen Sie den Einsatz mit der Narbenseite nach oben auf das Unterteil der Form, und drücken Sie den U-förmigen Ausschnitt zum Formen des Leders darauf (Abb. 72). Klemmen Sie die Form mit einer Schraubzwinge zusammen, bis der Einsatz trocken ist. Anschließend kann er aufgeleimt und aufgesteppt werden (Farbfoto 9, Seite 57).

U-förmiger Einsatz mit gesteppter Bugkante

Diese Art Einsatz wird an Taschen mit einer umgeschlagenen Einfassung aus weichem dickerem Leder oder festem dünnerem Leder bis 1,5 mm Stärke verwendet. Die Kanten des Einsatzes werden mit einer Zugabe für den Umschlag am Taschenkorpus eingefaßt. Schneiden Sie die Einsätze mit einer Zugabe für den Umschlag von 10 mm an den oberen Rändern zu. Wird die Tasche mit einem Innenfutter ausgestattet, so verleimen Sie das Futter der Einsätze, bevor Sie die geschärften Oberkanten des Einsatzes umschlagen und feststeppen. Werden die Einsätze nicht gefüttert, so können Sie die oberen Kanten umbugen, ohne sie vorher steppen zu müssen. Da dieses Leder dünner und flexibler ist als dickeres Leder, das für Arbeitsstücke mit Schnittkanten verwendet wird, ist es nicht erforderlich, am Falz mit dem Lederausheber eine Hohlkehle zu erzeugen. Jedoch muß der Einsatz geformt werden. Dazu können Sie entweder eine Form benutzen oder ein Stück steifen Karton als einfache Faltschablone, die 10 mm kleiner ist als der Einsatz. Legen Sie die Form oder den Karton auf die Narbenseite, und lassen Sie rundherum einen 10 mm breiten Abstand. Ziehen Sie mit der Spitze des Falzbeins eine Linie um die Faltschablone, und biegen Sie dann die Zugabe von 10 mm rechtwinklig. Sollte das Leder gleich wieder zurückklappen, feuchten Sie die Fleischseite an und versuchen es erneut. Wenn es trocken ist, leimen Sie die Einsätze ein, indem Sie zuerst die Mitten und oberen Enden aneinanderleimen. Sollten Sie in den Kurven zuviel Leder haben, legen Sie es mit der Spitze des Falzbeins in kleine Falten, die Sie mit sanftem Druck festdrücken. Leimen Sie die Zugabe für den Umschlag um die Kanten, und steppen Sie die Einsätze fest. Die große Schultertasche in Kapitel 18 hat einen solchen Einsatz.

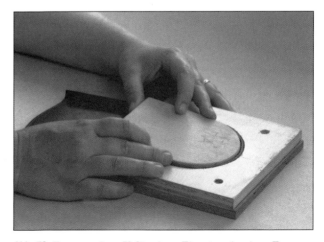

Abb. 72 Formen eines U-förmigen Einsatzes in einer Form

12 Innentaschen

Die Fertigung komplizierter Reißverschlußtaschen mit zahlreichen eingearbeiteten Taschen gelingt nur dann, wenn leichtes chromgegerbtes Leder und nicht das hier propagierte Vegetabilleder verwendet wird. Die Vegetabilgerbung erzeugt kräftiges Leder, welches schwerer als chromgegerbtes Leder ist. Daher ist es wichtig, das Design von Innentaschen einfach und minimal zu halten, andernfalls läßt sich der Entwurf nicht umsetzen. Eine gut gearbeitete Ledertasche überlebt selbst den besten Reißverschluß. Greifen Sie darauf also nur zurück, wenn Sie es unbedingt müssen.

Bevor Sie über die Größe und Form einer eingearbeiteten Tasche entscheiden, müssen Sie sich darüber klar werden, welchen Zweck sie erfüllen soll. Scheckheft, Ausweis, Führerschein, Fotos oder Scheckkarten lassen sich alle bestens in einer flachen Tasche unterbringen. Etwas größere Gegenstände – Brieftasche, Börse, Schlüssel, Make-up usw. – benötigen eine Tasche mit Einsatz. Große Teile, wie Bücher, Tagebuch, Terminplaner und Mappen, bringt man am besten in der Taschenmitte unter.

Die Kanten von Innentaschen aus Leder mit einer Stärke von weniger als 0,6 mm sollten einlagig umgelegt werden. Schweins- und Kalbsleder bis 1,0 mm Stärke eignen sich ausgezeichnet für Taschen. In gefütterten Taschen sollten die Innentaschen auf das Futter aufgenäht werden, bevor man letzteres an das Taschenleder leimt.

Flache Taschen

Flache Taschen lassen sich am einfachsten herstellen. Man kann sie als eingearbeitete Taschen in Lederartikeln mit Schnitt- oder Bugkanten verwenden oder als aufgesetzte Taschen an Taschen und Koffern mit Schnittkanten. Eine Innentasche für den leichten Eingriff sollte oben mindestens 10 mm breiter sein als unten (Abb. 73). Bereiten Sie die Tasche vor, indem Sie die obere Kante (gegebenenfalls) umschlagen und die anderen drei Seiten 10 mm breit schärfen und auf halbe Lederstärke verdünnen. Erzeugen Sie mit dem Reifeleisen dicht an der oberen Kante eine Linie. Leimen Sie die Tasche im Tascheninneren fest. Hat die Tasche kein Futter, so nähen Sie die Innentasche in die Naht des Einsatzes. Die Kante der Innentasche verläuft entweder in die polierte Taschenkante oder wird eingefaßt. Bei Taschen mit Innenfutter wird die Innentasche auf das Futter aufgenäht.

Taschen mit einem Einsatz

Dreiteiliger Einsatz

Rechtwinklige Innentaschen haben Einsätze, die wie die Seitenteile an Taschen gefertigt und angenäht werden (siehe Seite 59). Da ihr Leder aber wesentlich dünner ist, kann man sie mit einem Falzbein formen, statt mit einem Lederausheber. Man näht die Taschenvorderseite an den Einsatz und poliert die Kanten, bevor die Tasche auf die Fleischseite des Taschenkorpus aufgeleimt und aufgenäht wird. Dieser Nahtverlauf muß auf der Taschenaußenseite sorgfältig markiert werden.

Einsatz mit Falte

Hierbei handelt es sich um eine einfache flache Tasche, die man an den Seiten um Zugaben zum Falten ergänzt, damit die Seiteneinsätze eine Falte bekommen (Abb. 74). Denken Sie daran, am unteren Ende der Falte auf halbe Lederstärke zu verdünnen, bevor Sie die Taschenseiten an den Taschenkorpus nähen. Leimen Sie die Falten unten zusammen, und nähen Sie dann den Boden der Inncntasche fest.

Herabhängende Taschen

Herabhängende Innentaschen findet man in der Regel in Taschen mit großem oder ungewöhnlichem Format. Befestigt durch eine Naht, hängt die Innentasche frei vor dem Rücken der Tasche herab. Eine solche Innentasche kann als flache Tasche oder mit einem Einsatz entworfen werden (Abb. 75).

Innentaschen

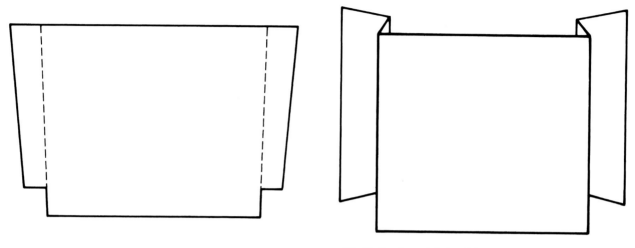

Abb. 73 Flache Tasche

Abb. 74 Tasche mit Seitenfalten

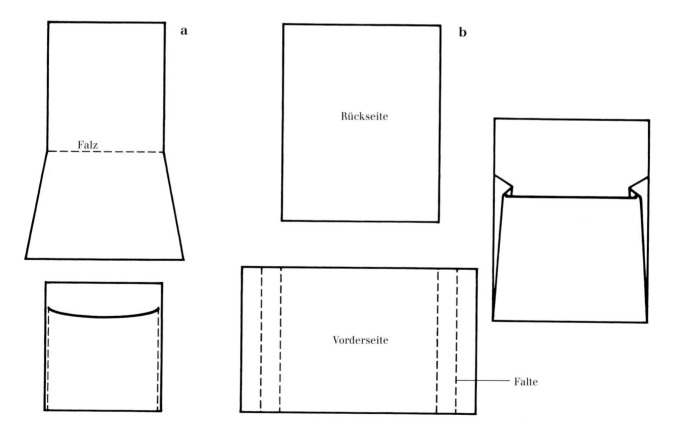

Abb. 75 Herabhängende Taschen: (a) flache Tasche; (b) Tasche mit Seitenfalten

13 Schlösser, Schnallen und Verschlüsse anbringen

Einige der gebräuchlichsten Metallbeschläge wurden in Kapitel 4 beschrieben. Ihre Funktion besteht darin, einen Lederartikel sicher zu schließen oder Riemen und Griffe zu befestigen. Über den Stil der verwendeten Beschläge sollten Sie stets bereits im Entwurfsstadium entscheiden, und nicht erst dann, wenn das Arbeitsstück schon halb fertig ist. Verwenden Sie möglichst nur Beschläge von guter Qualität, und bringen Sie diese auch mit den richtigen Werkzeugen an (Namen und Adressen von Lieferanten finden Sie auf Seite 117).

Schlösser

Aufgrund der Vielzahl der auf dem Markt erhältlichen Kofferschlösser kann hier nicht darauf eingegangen werden, wie man jedes einzelne anbringt. In den meisten Fällen ist offensichtlich, was zu tun ist. Viele der in Europa hergestellten Schlösser haben Dorne auf der Rückseite von Schließband und Gehäuse. Ein solches Schloß befestigt man, indem man in das Leder Schlitze schneidet, die Dorne durchdrückt und um eine Druckplatte biegt. Eine auf die Rückseite des Schlosses geleimte Lederabdeckung verhindert, daß das Metall die Finger verletzt und den Tascheninhalt beschädigt.

In Großbritannien hergestellte Schlösser werden mit Nieten und mit Spreiznieten befestigt (Abb. 76). Das Oberteil eines Schlosses, das Schließband, wird am Taschenüberschlag angebracht, indem man mit einem Locheisen der kleinsten Größe die Nietenlöcher markiert und ausstanzt. Das Schließband und die Druckplatte werden dann so plaziert, daß die Löcher fluchten. Sind die Löcher im Schließband oder im Gehäuse zu klein, sollten Sie diese mit einer Stiftlochrundfeile (Rattenschwänzchen) hinreichend vergrößern, damit die Niete auf Passung ist. Drücken Sie die Nieten mit dem gewölbten Ende auf der Schließbandseite durch die Löcher. Überstände schneidet man mit einer Blechschere ab, doch denken Sie daran, auf der Innenseite etwa 1 mm zum Vernieten auf die Druckplatte zu berücksichtigen. Legen Sie die Nietenkappe im Schließband auf einen Bleiklotz, und schützen Sie das Schließband mit einem Papiertaschentuch. Setzen Sie einen Nietkopfsetzer auf die Nietenkappe, und schlagen Sie vorsichtig mit einem

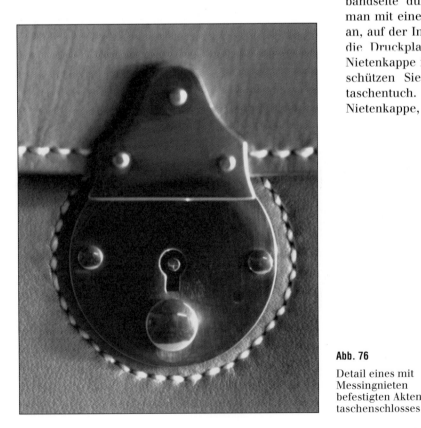

Abb. 76

Detail eines mit Messingnieten befestigten Aktentaschenschlosses

Schlösser, Schnallen und Verschlüsse anbringen

Metallhammer darauf. Drehen Sie ihn dabei langsam, um die Nietenkappe abzurunden und auf der Druckplatte zu befestigen (Abb. 77). Wie man das Gehäuse eines Schlosses befestigt, wird Schritt für Schritt in Abb. 78 dargestellt.

1. Legen Sie fest, wo das Schloß montiert werden soll, und plazieren Sie die Druckplatte. Markieren Sie das auszuschneidende Loch und die Nietenlöcher mit einer Anreißahle. Ermitteln Sie die Mitte, und markieren Sie mit dem Stechzirkel im Umkreis von 2 mm um die Druckplatte herum den Nahtverlauf. Stechen Sie das Mittenloch bis zur Rückseite durch.
2. Markieren Sie auf der Rückseite – das ist die Fleischseite, falls Ihre Tasche kein Futter hat – mit Hilfe des Mittenlochs die Position der Lederabdeckung, und zwar um 2 mm breiter als der Durchmesser des Nahtverlaufs beträgt. Schleifen Sie den Bereich in der Mitte mit Schleifpapier, damit die Abdeckung haftet.
3. Schneiden Sie ein Loch für das Schloß aus. Stanzen Sie die Nietenlöcher aus, und markieren Sie den Nahtverlauf.
4. Rückwärtige Ansicht
5. Bringen Sie das Schloß in Position, und fixieren Sie es mit Spreiznieten.
6. Rückwärtige Ansicht mit Druckplatte
7. und 8.
Aufgeleimte und festgenähte Lederabdeckung

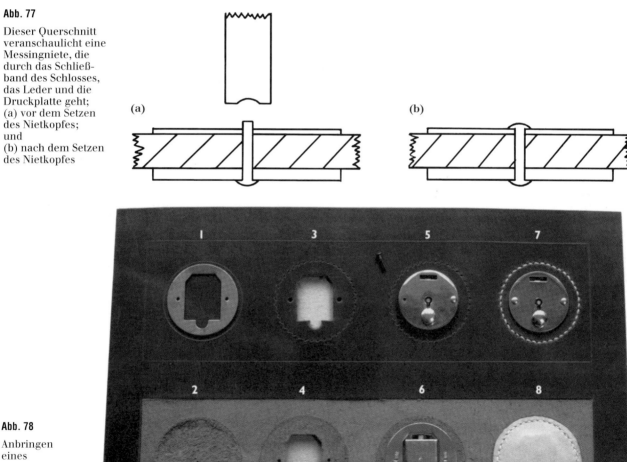

Abb. 77
Dieser Querschnitt veranschaulicht eine Messingniete, die durch das Schließband des Schlosses, das Leder und die Druckplatte geht;
(a) vor dem Setzen des Nietkopfes;
und
(b) nach dem Setzen des Nietkopfes

Abb. 78
Anbringen eines Schlosses

Schnallen

Schnallen gibt es in unterschiedlichsten Größen und Formen (Abb. 79). Bei der Wahl einer Schnalle müssen Sie die Lederart und den Verwendungszweck berücksichtigen. Massiv gearbeitete Exemplare sind schwerer als beschichtete. Ganze Schnallen sind an den meisten Lederartikeln in der Regel zu wuchtig. Wenn Sie nicht zu groß sind, können sie allerdings an Ledergürteln angebracht werden. Zum Schließen von Taschenüberschlägen sollten besser Schnallen (auch halbe Schnallen genannt) verwendet werden, da sie leichter sind.

Um eine Tasche mit einer Schnalle schließen zu können, stellt man eine Schnallenschlaufe ähnlich wie eine Halteschlaufe für einen D-Ring her (siehe Kapitel 8). Wenn das Leder stärker als 2,5 mm ist, muß es verdünnt werden. Die Schnallenschlaufe wird auf die Taschenvorderseite aufgenäht, bevor man die Tasche zusammennäht. Ferner fertigt man einen kurzen Streifen – die Lasche – an und näht ihn an den Überschlag (Abb. 80). Einen solchen Taschenverschluß hat die große Schultertasche in Kapitel 18.

In Kapitel 16 erfahren Sie, wie man einen Ledergürtel fertigt. Und da eine Riemenschnalle in genau der gleichen Weise angebracht wird, werden Sie in der Lage sein, auch andere Riemenarten zu fertigen, wenn Sie wissen, wie man einen Gürtel herstellt.

Für traditionelles Pferdegeschirr und bestimmte Lederwaren sind lederüberzogene Schnallen typisch. Auch Sie können einfache runde, halbe Schnallen und D-Ringe mit Leder beziehen. Das Bezugsleder kann aus dickerem oder dünnerem Leder bestehen, doch sollte es nicht stärker als 0,6 mm sein. Gegebenenfalls

Abb. 80 Eine an einen Überschlag genähte Lasche

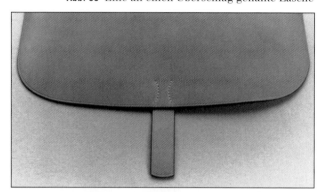

Abb. 79 Einige Gürtel- und Schnallenbeispiele

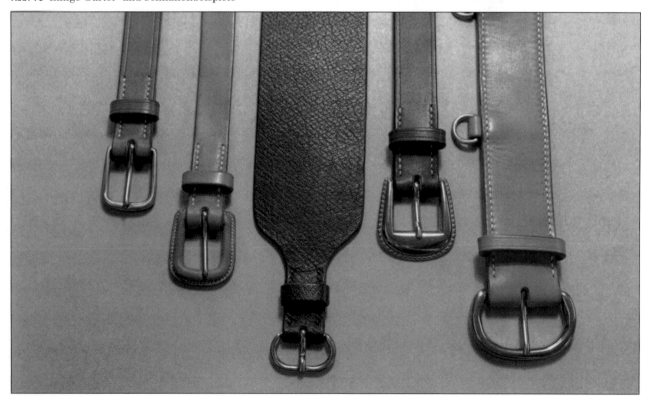

Schlösser, Schnallen und Verschlüsse anbringen

10 Lederüberzogene Schnallen

muß es auf der Spaltmaschine gespalten werden. Die Schnallenformen und -größen variieren so sehr, daß genaue Schnittangaben hier nicht gemacht werden können (Farbfoto 10).

Anfertigung einer lederüberzogenen Schnalle

1. Entfernen Sie zuerst den Schnallendorn in einem Schraubstock.
2. Schneiden Sie einen Lederstreifen, der länger als nötig und so breit ist, dass er um die Schnalle gelegt werden kann. Lassen Sie an jeder Seite ca. 5 mm des Streifens überstehen.
3. Schneiden Sie ein Ende V-förmig ein.
4. Feuchten Sie das Leder gut an, und falten Sie es längs auf die Hälfte. Legen Sie es um die Schnalleninnenseite; beginnen Sie dort, wo der Dorn befestigt wird. Dehnen und ziehen Sie das Leder langsam in Form, und befestigten Sie es mit Leimklemmen, die mit Leder belegt sind. Wahrscheinlich müssen Sie das Leder immer wieder hin- und herziehen und neu befestigen, bis es die richtige Form hat. Überschüssiges Leder wird entfernt und auch dieses Ende V-förmig eingeschnitten und fixiert (Abb. 81).
5. Wenn das Leder trocken ist, entfernen Sie die Klemmen und tragen auf der Innenseite des Überstands PVA-Leim auf. Halten Sie die Kanten zusammen, bis der Leim abgebunden hat.

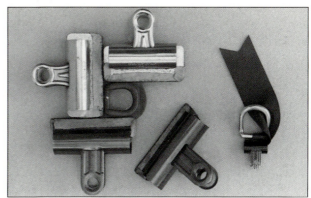

Abb. 81 Angefeuchtetes Leder, das mit Hilfe von mit Leder belegten Leimklemmen um eine Schnalle geformt wird

6. Markieren Sie – eng an der Schnallenform – mit einem Kopierrädchen oder Durchstecheisen die Stiche (12 bis 18 Stiche auf 2,5 cm). Die Anzahl hängt von der Schnallengröße und Ihrem Augenmaß ab.
7. Klemmen Sie die Schnalle vorsichtig in die Nähkluppe, und nähen Sie das Leder um die Schnalle mit einer kleinen Ahle mit Leinenzwirn der Stärke 30 oder 35 zusammen.
8. Entfernen Sie überschüssiges Leder bis 2 mm vor der Naht, und polieren Sie die Kante.
9. Setzen Sie den Dorn vorsichtig wieder ein.

Verschlüsse

Verschlüsse gibt es in unterschiedlichen Stilrichtungen, Größen und Ausführungen, und zum Befestigen braucht man für jeden ein spezielles Werkzeug.

Druckverschlüsse

Druckverschlüsse sind leichte Verschlüsse, die man an Kleinlederwaren verwendet. Sie bestehen aus vier Teilen, die mit Spezialwerkzeug für jede Größe und Art paarweise befestigt werden. Das Oberteil hat eine gewölbte Oberseite, die durch ein kleines Loch im Leder an ihrer Unterseite befestigt wird. Ebenso wird das Unterteil angebracht. Achten Sie darauf, die richtigen Kopfsetzer zu benutzen und die Teile nicht durcheinander zu bringen. Druckknöpfe sind stärker und leichter anzubringen als normale Druckverschlüsse – verwenden Sie also möglichst diese (Abb. 82).

Knopfnieten

Knopfnieten sind eine einfache und sichere Möglichkeit, um Taschenüberschläge zu schließen und Riemen anzubringen (siehe die Tasche mit Schrägsteppstich in Kapitel 18). Sie lassen sich am einfachsten befestigen, da man kein Spezialwerkzeug benötigt. Sie sind zweiteilig: Das Unterteil wird durch ein in das Leder gestanztes Loch in das Oberteil geschraubt (Abb. 83). Um es nicht zu beschädigen, hält man das Oberteil beim Festziehen der Schraube möglichst in einem Schraubstock mit belegten Backen.

Ein praktischer und zudem schöner Verschluß kann aus einer Knopfniete und einem D-Ring angefertigt werden. Die Knopfniete wird an einem kurzen Lederriemen angebracht, der in der Breite durch die Run-

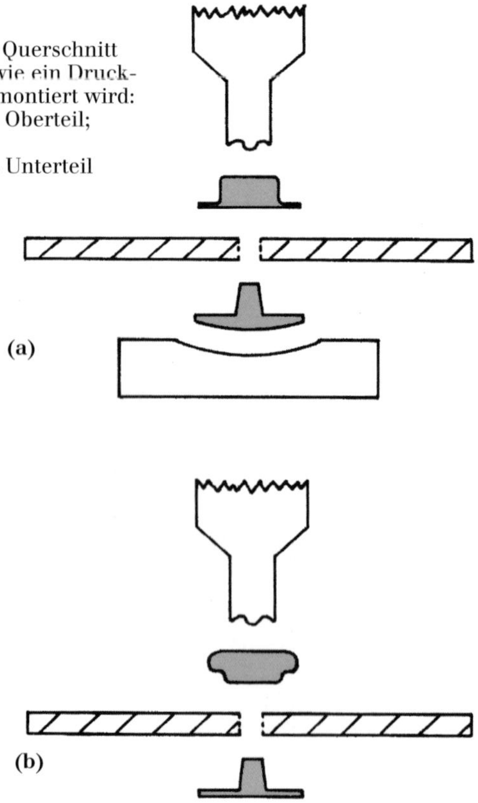

Abb. 82
Dieser Querschnitt zeigt, wie ein Druckknopf montiert wird:
(a) das Oberteil; und
(b) das Unterteil

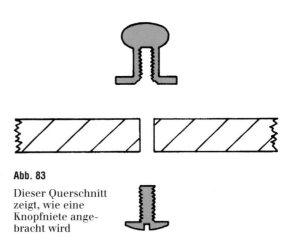

Abb. 83
Dieser Querschnitt zeigt, wie eine Knopfniete angebracht wird

dung des D-Rings paßt. Der Riemen wird auf die Vorderseite des Koffers oder der Tasche aufgenäht. Auf den Überschlag näht man einen Lederstreifen auf – die Halteschlaufe für den D-Ring. Der Lederriemen mit der Knopfniete wird durch den D-Ring gezogen, umgeklappt und auf dem Kopf der Knopfniete befestigt (Abb. 84).

Abb. 84
Taschenverschluß mit Knopfniete und D-Ring

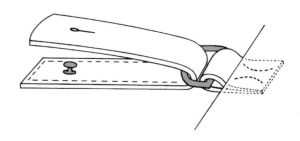

Schlösser, Schnallen und Verschlüsse anbringen 67

Sam Browne-Nieten

Diese massiven Messingnieten sind größer als Knopfnieten. Sie werden mit einer Metallunterlegscheibe auf der Rückseite fixiert, und der Schaft wird flach darauf gehämmert. Nähen Sie eine Lederabdeckung auf die Rückseite (siehe Abb. 29).

Magnetverschlüsse

Ein Magnetverschluß ist eine ausgezeichnete Möglichkeit, ein Schloß so anzubringen, daß es nicht sichtbar ist. Er wird auf dem Lederfutter befestigt, indem man die kurzen Metalldorne durch kleine Schlitze im Leder drückt und sie auf der Metallunterlegscheibe flach biegt (siehe die Brieftasche in Kapitel 17).

Mitunter muß man an den Stellen, die für die Lochzange nicht zugänglich sind, in einigem Abstand zur Lederkante Löcher stanzen. Wenn Sie keine einzelnen Locheisen haben, können Sie die Löcher auch mit der Lochzange erzeugen. Drehen Sie die Pfeife mit der gewünschten Lochgröße nach oben. Legen Sie ein dickes Lederreststück auf den Backen, drücken Sie die Griffe der Zange zusammen, und halten Sie die Zange verkehrt herum. Stanzen Sie nun das Loch, indem Sie mit einem Leder- oder Holzhammer auf die Lochzange schlagen (Abb. 85).

Abb. 85 Das Loch wird mit einer Revolver-Lochzange gestanzt

14 Riemen und Griffe

Die meisten Taschen und Koffer benötigen einen Trageriemen oder Griff. Über Stil, Länge, Breite und die Art und Weise, wie er angebracht werden soll, muß bereits in der Entwurfsphase entschieden werden. Eine Tasche ist nur so stabil wie ihr schwächster Punkt, und häufig stellt sich heraus, daß dies der Riemen oder Griff ist. Fertigen Sie ihn stets aus Leder mit einem dichten Fasergefüge – also aus dem Mittelteil von Doppelcroupon oder Doppelhecht. Schneiden Sie entlang der Wirbelsäule und nie quer zur Haut oder zum Fell, es sei denn, Sie haben keine andere Wahl.

Schulterriemen

Dickeres Leder

Flache Riemen sollten aus 2,5–3,5 mm starkem Leder aus dem Doppelcroupon oder Doppelhecht gefertigt werden, da sie hoher Beanspruchung und starkem Verschleiß standhalten müssen. Leder aus dem Halsstück dehnt sich. Verwenden Sie es daher nur, wenn es gleichmäßig stark und wirklich fest ist. Die Breite des Riemens kann je nach Taschengröße zwischen 15 und 25 mm betragen. Wenn Sie ihn zu breit machen, d. h. 35 mm oder breiter, rutscht er von der Schulter.

Am einfachsten und schnellsten macht man einen Riemen aus einem einzelnen Streifen aus festem Leder, der abgezogen, poliert, gereifelt und ohne jede feste Befestigung an der Tasche angebracht wird – siehe zum Beispiel den Riemen an der Tasche mit Schrägsteppstich in Kapitel 18. Nachteilig erscheint auf den ersten Blick, daß der Riemen nicht längenverstellbar ist. Dieses Problem läßt sich jedoch sehr leicht mit Hilfe einer Schnalle lösen. Zur Berechnung der Fertiglänge eines verstellbaren Riemens ziehen Sie ein Maßband über eine Schulter und lassen es entweder nach unten hängen oder führen es diagonal über den Körper. Legen Sie fest, wo die Tasche »sitzen« soll, und messen Sie diese Länge. Geben Sie 250–350 mm als Zugabe für eine 100–200 mm lange Befestigung hinzu. Das sind etwa 50 mm für den Umschlag um die Schnalle und zwei Zugaben von 50 mm, wenn der Riemen an D-Ringen befestigt oder direkt an der Tasche festgenäht wird. Schneiden Sie den Riemen unter Zuhilfenahme eines Stahllineals oder einer Riemenschneidmaschine auf die Breite der Schnalle und der D-Ringe zu (siehe Kapitel 5). Der Riemen selbst muß in zwei Teile geschnitten werden. Der Laschenstreifen muß mindestens dreimal länger sein als der Schnallenstreifen, damit die Schnalle nicht auf der Schulter zu liegen kommt und dort Reibung verursacht. Verdünnen Sie das Ende, das um die Schnalle gelegt wird, sowie die Enden, die an den D-Ringen befestigt werden (siehe Kapitel 8). Schneiden Sie eine 10 mm breite Riemenschlaufe, den sogenannten Haltebügel. Ziehen Sie an Riemen und Schlaufe die Kanten ab, polieren und reifeln Sie diese. Bringen Sie die Schnalle genau in der gleichen Weise an wie eine Gürtelschnalle. Wenn der Riemen direkt an die Tasche genäht wird, verdünnen Sie 10 mm von den Riemenenden entfernt eine steile Abschrägung. Ver-

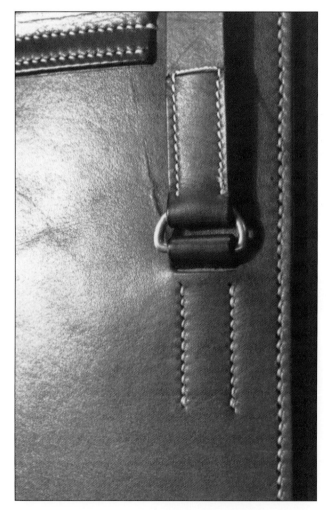

Abb. 86 Befestigung eines Schulterriemens an einem D-Ring, dessen festgesteppte Halteschlaufe durch einen Schlitz in der Tasche nach außen geführt wird

Riemen und Griffe

11 Detail eines Taschenriemens mit Haltebügel

leimen Sie die Riemenenden, und nähen Sie diese an die Tasche, bevor sie zusammengenäht wird. Bei einem D-Ring müssen Sie zwei Haltebügel anfertigen. Das sind kurze Lederstücke, die um den D-Ring gefaltet und dann an die Tasche genäht werden (Abb. 86). Das den D-Ring umschließende Leder sollte seine volle Stärke behalten. Die Enden werden jedoch verdünnt.

Dünneres Leder

Leichte Taschen benötigen Trageriemen, die optisch zwar fein aussehen, aber eine starke Beschaffenheit

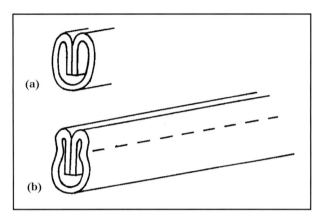

Abb. 87 Ein gefalteter Kalbslederriemen:
(a) vor dem Nähen;
und
(b) nach dem Nähen

haben. Dies läßt sich erreichen, indem man einen Lederstreifen in mehrere Lagen faltet (Abb. 87).

Um einen Kalbslederriemen mit einer Fertigbreite von 8 mm herzustellen, schneiden Sie einen 28 mm breiten Lederstreifen zu. Markieren Sie auf der Fleischseite die Mittellinie. Falten Sie beide Seiten bis 1 mm vor die Mittellinie, und fixieren Sie sie mit Leim. Falten und leimen Sie den Riemen nun auf die Hälfte. Markieren Sie mit einem Durchstecheisen der Größe 10 den Nahtverlauf – 3 mm von der Doppelkante –, und stechen Sie die Stiche auf einer Korkunterlage vor. Nähen Sie den Riemen nun in der Nähkluppe zusammen. Um den Riemen an der Tasche zu befestigen, ziehen Sie ihn durch einen Schlitz und nähen ihn auf den Einsatz oder mit der Naht fest.

Eine andere Methode, einen Riemen für eine leichte Tasche anzufertigen, besteht darin, zwei schmale Lederstreifen zusammenzuleimen und -zunähen. Bei Kalbs- oder Schweinsleder, das stärker als 0,75 mm ist, muß der Riemen nicht verstärkt werden und kann Schnittkanten haben, die nach dem Nähen gefärbt und poliert werden. Handelt es sich aber um feines Zickel- oder Kalbsfell, sollte eine Lage Verstärkung aus Vlieseline oder ein Streifen dünnen Leders zwischengelegt werden. Die obere Lage erhält dann eine Zugabe zum Umbugen, damit ihre Kanten über die Verstärkung gelegt werden können, bevor die untere Lage (das Futter) verleimt und genäht wird.

Griffe

Die wichtigsten Anforderungen an einen Griff bestehen darin, daß er bequem und stabil sein muß. Wenn ein Griff unbequem in der Hand liegt, weil er zu breit oder zu schmal ist, wird man die Tasche oder den Koffer als Last empfinden und keine Freude daran haben. Nehmen Sie einmal unterschiedlich breite und starke Lederstreifen in die Hand, und stellen Sie den Unterschied fest. Führen Sie solche Versuche auch mit anderen Materialien, wie beispielsweise mit Seilen und Holzstäben, durch. Dabei werden Sie spüren, daß eine gerundete, leicht flexible und der Hand entsprechende Form angenehm zu greifen ist.

Runde Griffe

Einen runden Griff oder Bügel erhält man, wenn man Leder um einen Innenkern aus Schnur, Seil oder Holz steppt. Da die Durchmesser dieser Materialien sehr unterschiedlich sind, können hier keine Schnittmaße gegeben werden. Es gibt zwei Arten von Bügeln.

Bügel mit Stoßnaht

Das Leder um steife Griffe mit einem Holzkern wird meistens mit einer Stoßnaht zusammengenäht. Auch um Seil oder Schnur kann man mit Schrägstich nähen (Abb. 88). Das Leder sollte nicht stärker als 1,75 mm sein – muß also gegebenenfalls verdünnt oder gespalten werden (siehe Kapitel 8) – und sollte entlang der Rückenlinie zugeschnitten werden. Ermitteln Sie die Breite des Lederstreifens, indem Sie ein Reststück um den Innenkern legen. Achten Sie darauf, daß die Kanten sauber aneinanderstoßen. Polieren Sie die Enden, wenn sie mit den Enden des Kerns bündig abschließen sollen, oder schneiden Sie die Enden in Form, wenn sie an die Tasche genäht werden. Beginnen Sie auf beiden Seiten genau an der gleichen Stelle, und markieren Sie den Nahtverlauf im Abstand von 3 mm zu jeder Kante des Lederstreifens. Stechen Sie die Löcher wie bei einer Stoßnaht auf einer Korkunterlage vor (siehe Kapitel 10). Ziehen Sie eine Linie auf der Schnur- oder Holzeinlage, und fixieren Sie das Leder mit Gummilösung, wobei die Linie Ihnen dabei hilft, die Verbindung waagerecht zu halten. Verbinden Sie die Teile vorsichtig mit einer Stoßnaht.

Bügel mit Sattlernaht

Griffe mit einer Sattlernaht werden um einen flexiblen Kern aus Seil oder Schnur herum angefertigt (Abb. 89). Das Leder kann bis zu 2,5 mm stark sein. Ermitteln Sie die erforderliche Breite, indem Sie einen kleinen Lederrest um die Einlage legen und eine Nahtzugabe von 7 mm, d. h. 3,5 mm auf jeder Seite zugeben. Bereiten Sie die Enden des Griffs zum Anbringen an der Tasche vor, bevor Sie den Bügel machen. Schneiden Sie dazu die Enden in Form. Richten Sie

Riemen und Griffe

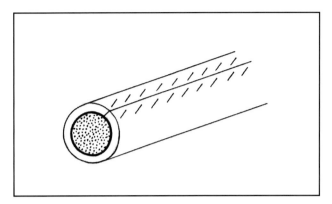

Abb. 88 Das Leder dieses Bügels wurde um einen Kern aus Seil oder Holz gelegt und mit einer Stoßnaht zusammengenäht

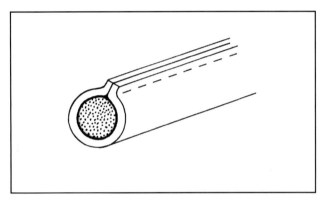

Abb. 89 Das Leder dieses Bügels wurde um einen Kern aus Seil oder Schnur gelegt und mit einer Sattlernaht zusammengenäht

die Kanten zu, und markieren Sie den Nahtverlauf. Zur Herstellung des Bügels markieren Sie entlang einer Kante der Narbenseite sorgfältig die Punkte, an denen man zu nähen beginnt und aufhört sowie den Nahtverlauf. Entlang der gegenüberliegenden Kante markieren Sie den Nahtverlauf auf der Fleischseite. Stechen Sie diese Löcher auf einer Korkunterlage vor. Feuchten Sie das Leder an, damit es sich leichter um den Kern biegen läßt, und nähen Sie die Kanten mit einer Sattlernaht zusammen. Halten Sie dabei den Bügel in einer Zwinge. Die vorgestochenen Löcher auf der Fleischseite des Leders geben der Ahlenspitze die Richtung vor und verhindern, daß die Naht schief wird. Achten Sie dabei besonders darauf, daß das Leder feucht und nicht naß ist, da sonst die Stiche die Lederoberfläche beim Festziehen durchschneiden würden. Nur Erfahrung und Beobachtung sind Ihnen hier eine Hilfe. Versäubern Sie die Kante, ziehen Sie die Kante ab, und polieren Sie diese, damit Sie den Griff an Ihrer Tasche anbringen können. Eine kleine Version eines solchen Griffs kann als Befestigung für einen Schulterriemen verwendet werden (Farbfoto 11, Seite 69).

Flache Griffe

An Aktentaschen, Attachékoffern und Behältern setzt man »flache« Griffe in unterschiedlichen Stilrichtungen an. Einen einfachen, für die genannten Gegenstände geeigneten Griff stellt man her, indem man einen Lederstreifen in drei Lagen legt, an jedem Ende einen D-Ring anbringt und die Lagen zusammennäht (Abb. 90). Einen solchen Griff sehen Sie an der kleinen Aktentasche in Kapitel 17.

Abb. 90 Flacher Griff, der durch das Zusammenfalten eines Lederstücks in drei Lagen entsteht

15 Formen und Oberflächenverzierung

Formen

Eine wichtige und für Ihre Kreativität förderliche Eigenschaft von Vegetabilleder ist dessen Fähigkeit, eine ihm beigebrachte Form zu bewahren. Diesbezügliche Techniken wurden über die Jahrhunderte in der ganzen Welt genutzt, um vielfältige Gegenstände wie Behälter, Schilde, Pistolentaschen, Trinkgefäße, Wandbehänge, Helme und Skulpturen anzufertigen. Wenn Vegetabilleder in Wasser getaucht wird, werden die Fasern weich und geschmeidig, und im Naßzustand nimmt die Oberfläche dekorative Prägungen sehr gut an. Sie bleiben auch dann noch erhalten, wenn das Leder trocken ist. Während das Leder gesättigt ist, kann es mit Hilfe von Formen in dreidimensionale Ausformungen gebracht oder leicht von Hand gespannt und manipuliert werden. Warmes Wasser und mäßige Wärme beschleunigen den Prozeß.

Freihändiges Formen

Üben Sie an der in Kapitel 16 beschriebenen einfachen Maske aus günstigem Flankenfahlleder, Leder freihändig zu formen. Weichen Sie alternativ ein paar kleinere Lederreste ein, und ziehen Sie diese mit den Fingern in Form. Schneiden Sie dünne Lederlitzen zu, und kräuseln und drehen Sie diese zu Spiralen und

12 Eine an einem schweinsledergefütterten Gürtel befestigte Börse aus geformtem Leder

Formen und Oberflächenverzierung

Abb. 91 Drei Arten von Formen:
(a) dreiteilige Form;
(b) zweiteilige Form;
und
(c) einteiliger »Leisten«

Knoten, oder formen Sie daraus Blätter und einfache Blumen. Wenn Sie sich spielerisch hinreichend mit dem Thema auseinandergesetzt haben, legen Sie Ihre Übungsstücke auf ein Holzbrett und erwärmen sie ein bis zwei Minuten bei niedrigster Temperatur leicht im Backofen. Dadurch verfestigt sich die Form. Achten Sie aber darauf, daß das Leder nicht zu heiß wird, da sich Ihr Werk sonst in ein verzerrtes Gebilde verwandelt!

Holzformen

Um vorgegebene, reproduzierbare Formen zu erhalten, müssen Sie auf eine Form zurückgreifen (Abb. 91).

Dreiteilige Form

Die einfachste Möglichkeit, einer flachen Tasche oder Geldbörse ohne Einsatz etwas Geräumigkeit zu verleihen, besteht darin, nach dem Nähen eine Form in sie einzuführen. Dazu wird die Form in drei Teile geschnitten. Üben Sie dies, indem Sie zunächst mit Hilfe einer dreiteiligen Form eine Börse anfertigen (Abb. 92).

1. Stellen Sie aus 10 mm dickem Sperrholz eine Form her, und wachsen Sie diese (damit sie sich leicht wieder herausziehen läßt).

2. Schneiden Sie die beiden Teile der Börse zu. Legen Sie den Platz für den Druckknopf fest, und bringen Sie ihn an (siehe Kapitel 13).

3. Nähen Sie die Börse zusammen (siehe Kapitel 10).

4. Tauchen Sie die Börse ganz in warmes Wasser.

5. Führen Sie die beiden Seitenteile der Form gerade in die Börse hinein.

6. Schieben Sie den Mittelkeil zwischen die Seitenteile; alle drei Teile müssen eine ebene Fläche mit der Börsenoberfläche bilden.

7. Lassen Sie die Börse lufttrocknen, und ziehen Sie dann die Formteile mit einer Zange heraus.

8. Ziehen Sie die Kanten ab und polieren Sie diese (siehe Kapitel 7).

Eine dreiteilige Form ist nur für die flache Formgebung geeignet. Um Tiefe oder Kontur zu erhalten, muß das Leder auf einer Form ausgeformt und festgeklemmt werden, bis es trocken ist.

Zweiteilige Formen
Eine Methode, nassem Leder eine vorgegebene Form zu geben, besteht darin, es zwischen die beiden Teile einer zweiteiligen Form zu legen und es darin zu belassen, bis das Leder luftgetrocknet ist. Auf diese Weise hat man in der Vergangenheit wahrscheinlich Lederschilde geformt, und mit Sicherheit wurden so ganze Serien von Wandbehängen hergestellt. In Kapitel 18, das die Anfertigung einer geformten Schultertasche beschreibt, wird diese Methode Schritt für Schritt erklärt.

Einteilige Formen
Das Ausformen eines Schuhoberleders, eines Lastings, ist dadurch möglich, daß man das Leder über eine Holzform oder einen Leisten spannt. Diese Methode, Leder dreidimensional zu gestalten, kann man anwenden, um naßgeformtes Leder in relativ ausge-

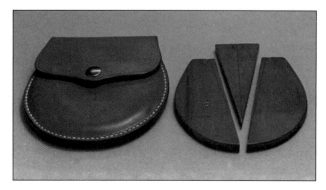

Abb. 92 Die mit der dreiteiligen Form geformte Geldbörse

Abb. 93 Um die Maske zu formen, spannt man nasses Leder über eine geschnitzte Holzform oder einen Leisten und heftet es mit Reißnägeln fest. Nach dem Trocknen wird die Maske von der Form geschnitten

Formen und Oberflächenverzierung

fallene Formen zu bringen (Abb. 93). Zunächst schnitzt man eine Form zurecht, spannt dann ein übergroßes Stück nasses Leder darüber und nagelt es fest. Sie werden überrascht sein, wie sehr sich das Leder dehnt. Die Nägel müssen immer wieder neu eingeschlagen werden, bis man die gewünschte Form erhält. Wenn das Leder luftgetrocknet ist, kann es von der Form geschnitten und fertig bearbeitet werden (Farbfoto 13, Seite 76).

Oberflächenverzierung

Vegetabilleder ist dafür bekannt, daß es im feuchten Zustand leicht geprägt werden kann – eine Eigenschaft, die sich vielseitig nutzen läßt. Das Prägen oder Stempeln der Oberfläche ist eine sehr einfache Technik. Für den Anfang benötigen Sie ein paar Dekorpunzstempel und einen Lederhammer. Zum Einritzen oder Schneiden von Dekoren, fälschlicherweise auch »Schnitzen« genannt, benötigen Sie einen drehbaren Stoßbeitel (Abb. 94).

Feuchten Sie ein Stück Leder mit einem nassen Schwamm an. Das Leder sollte nicht dünner als 1,5 mm sein. Prägen Sie erst, wenn das Leder feucht und nicht mehr naß ist. Wenn es zu trocken ist, bildet sich der Abdruck wieder zurück, ist es zu naß, schneidet das Werkzeug durch die Oberfläche hindurch, statt einen Abdruck zu erzeugen. Halten Sie Lederreste griffbereit, um Musterkombinationen zu entwickeln und mit Feuchtigkeitsgraden zu experimentieren. Mit den Prägewerkzeugen kann man Muster einprägen oder Oberflächenstrukturen erzeugen.

Abb. 94 Werkzeuge zum Verzieren
1 Drehbarer Stoßbeitel
2 Modellierer
3 Punzen
4 Kugelenden-Modellierer
5 Diverse Punzstempel
6 Rohhauthammer

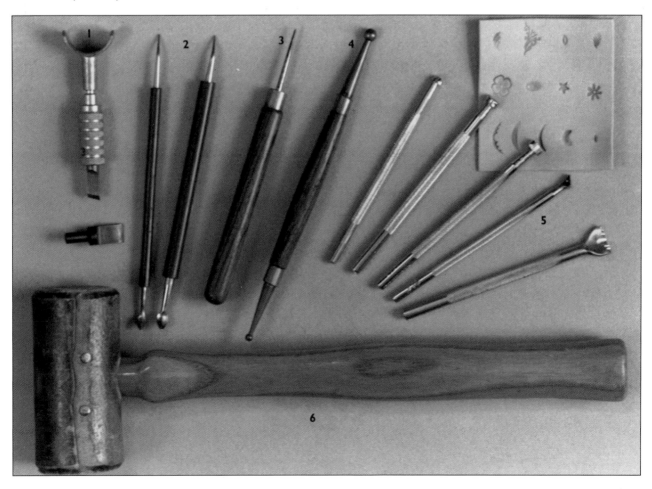

Formen und Oberflächenverzierung

Abb. 95 Die Maske wird mit Dekorstempeln geprägt

Abb. 96 Ausführen eines Prägedekors

Legen Sie das Leder auf eine feste Unterlage – beispielsweise auf Marmor –, halten Sie den Punzstempel senkrecht in einer Hand, und schlagen Sie mit einem Lederhammer darauf (Abb. 95). Zeichnen Sie in dieser Weise fortlaufend ein Muster (Abb. 96). Experimentieren Sie mit Münzen und interessantem faserigem Holz, die Sie in die Lederoberfläche pressen, und sehen Sie, welche Abdrücke entstehen. Wenn das Leder wieder trocken ist, können Sie es entweder färben oder natürlich belassen. Es muß jedoch zugerichtet und poliert werden, da es durch das Wässern und Zusammendrücken der Fasern unelastisch und hart geworden ist.

Sämtliche Dekortechniken zum Ritzen, Modellieren und Narbenpressen werden eingehend in spezieller Literatur zu diesem Thema beschrieben.

13 Große geformte Tasche, die mit Hilfe einer einteiligen Leistenform hergestellt wurde

Teil III

In den folgenden Kapiteln werden 10 Projekte vorgestellt. Die Arbeiten in Kapitel 16 sind für Anfängerinnen und Anfänger gedacht, die in Kapitel 17 dienen dazu, bereits erworbene Fertigkeiten zu vertiefen und in einige neue Techniken einzuführen. Kapitel 18 enthält Projekte, die auf bereits vorhandenen und praktizierten Fertigkeiten aufbauen und diese weiterentwickeln.

Alle Projekte vermitteln unterschiedliche Handwerkstechniken. Wenn Sie die jeweiligen Fertigkeiten erworben haben und praktisch anwenden, werden Sie in der Lage sein, eigene Designs zu entwerfen. Zu Beginn jedes Projektes finden Sie eine Liste der benötigten Werkzeuge und Materialien. Schritt-für-Schritt-Erklärungen sind an den nötigen Stellen mit Illustrationen ergänzt und verweisen auf die Kapitel, in denen die behandelten Techniken erklärt werden. Die ausgeführten Lederarbeiten werden jeweils auf einem Farbfoto abgebildet.

16 Projekte für den Anfänger

Für die Umsetzung der ersten drei Projekte sind Grundkenntnisse und nur sehr wenige Werkzeuge erforderlich. Um den Gürtel und die Börse anzufertigen, müssen Sie Leder zuschneiden, abziehen, polieren, Schnittkanten reifeln, einen Druckknopf anbringen und, was am wichtigsten ist, eine Sattlernaht steppen.

Beim Herstellen der Maske üben Sie das freihändige Formen – also das Formen und Verzieren von Leder im Naßzustand. Vielleicht werden Sie hierbei auch zu eigenen Ideen bezüglich der Formung von Vegetabilleder angeregt.

Material
- 3-3,5 mm starkes, pflanzlich gegerbtes Rindleder
- 40-mm-Messingschnalle
- Leinenzwirn 18/3
- Bienenwachs
- Lederleimlösung für die Kanten mit Applikator
- Lederfarbe für die Kanten mit Applikator
- Ein kleines Stück Segeltuch

Werkzeug
- Messer
- Riemenschneidemaschine (optional)
- Schärfmesser
- Kantenzieher Größe 2
- Stechzirkel
- Einfaches Reifeleisen
- Spirituslampe
- Durchstecheisen Größe 7
- Rohhauthammer
- Sattlernadeln Stärke 4 oder 5
- Ahle mit 57-mm-Ahleisen
- Nähkluppe
- Revolver-Lochzange

Gürtel

(Siehe Farbfoto 14, Seite 80).

1. Feilen und polieren Sie gegebenenfalls die Schnalle (siehe Kapitel 14).
2. Schneiden Sie entsprechend dem Innendurchmesser der Schnalle einen Lederstreifen zu, und formen Sie ein Ende zum Gürtelende. Schneiden Sie eine 10 mm breite und 85 mm lange Schlaufe zu (siehe Kapitel 5).
3. Schärfen Sie das Ende, an dem die Schnalle angebracht wird, sowie die Schlaufe (siehe Kapitel 8).
4. Ziehen Sie die Lederkanten ab, und färben und polieren Sie diese. Erzeugen Sie 3 mm neben der Kante mit dem Reifeleisen eine Zierlinie (siehe Kapitel 7).
5. Stanzen Sie zwei Löcher aus, und schneiden Sie dazwischen einen hinreichend breiten Schlitz für den Schnallendorn. Markieren Sie dann die Stiche mit dem Durchstecheisen (Abb. 97).
6. Feuchten Sie das Leder an, und biegen Sie es um die Schnalle.

Abb. 97 Eines der beiden Gürtelenden, Schlaufe und Schnalle

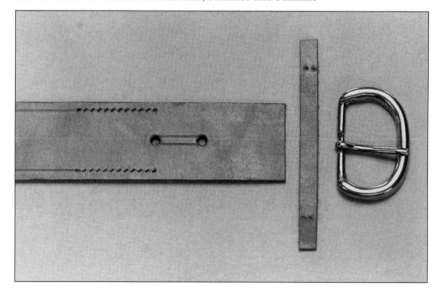

Projekte für den Anfänger

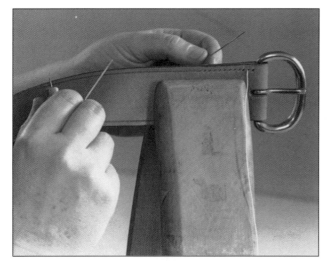

Abb. 98 Nachdem der Gürtel in die Nähkluppe geklemmt wurde, kann man mit einem Doppelstich beginnen

Abb. 99 Annähen der Gürtelschlaufe

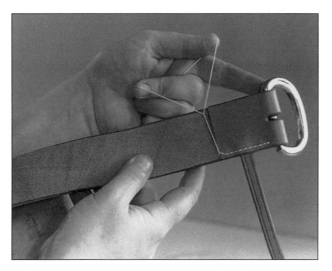

Abb. 100 Die Fäden werden auf der Gürtelrückseite zusammengedreht, dann näht man an der oberen Kante weiter

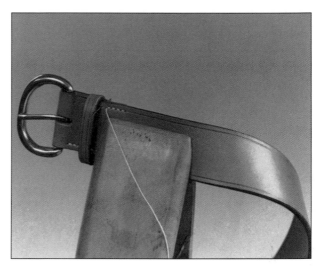

Abb. 101 Annähen der Schlaufe

7. Wachsen Sie einen 80 cm langen Faden, und befestigen Sie an beiden Enden eine Sattlernadel (siehe Kapitel 10). Klemmen Sie den Gürtel in die Nähkluppe, und stechen Sie die ersten drei Löcher mit der Ahle vor (Abb. 98). Beginnen Sie mit der Naht, indem Sie in das zweite Loch stechen und den ersten Stich zur Verstärkung als Doppelstich ausführen. Nähen Sie die erste Naht auf der einen Seite, und fügen Sie die Schlaufe im sechsten Loch hinzu (Abb. 99). Drehen Sie die beiden Fadenenden auf der Rückseite zusammen (Abb. 100), und nähen Sie dann die Naht auf der gegenüberliegenden Seite. Achten Sie darauf, die Schlaufe gerade anzunähen (Abb. 101).

8. Nähen Sie am Ende zwei Löcher zurück, und schneiden Sie beide Fadenenden auf der Rückseite knapp an der Naht ab.

9. Stanzen Sie mit der Revolver-Lochzange fünf Löcher, die etwas größer sind als der Dorn.

Projekte für den Anfänger

14 Ledergürtel und -geldbörse

Projekte für den Anfänger

Geldbörse

Material
- 1 mm starkes Kalbs- oder Schweinsleder
- 1,5 mm starkes Rindleder
- Ein kleiner Druckknopf
- Leinenzwirn 18/3
- Bienenwachs
- PVA-Leim
- Lederleimlösung für die Kanten mit Applikator
- Lederfarbe für die Kanten mit Applikator
- Ein kleines Stück Segeltuch

Werkzeug
- Messer
- Stechzirkel
- Einfaches Reifeleisen
- Spirituslampe
- Durchstecheisen Größe 7
- Sattlernadeln Stärke 4 oder 5
- Ahle mit 57-mm-Ahleisen
- Nähkluppe
- Revolver-Lochzange
- Druckknopfwerkzeug
- Rohhauthammer
- Anreißahle oder spitzer Bleistift
- Korkunterlage
- Leimklemmen
- 10-mm-Flachpinsel

1. Zeichnen Sie die Schablonenteile (Abb. 102) auf dünnen Karton, und schneiden Sie die Formen aus. Legen Sie die Formen auf das Leder, und reißen Sie rundherum an. Übertragen Sie alle Einzelheiten des Entwurfs – Mitten, Linie für den Überschlag und Lage des Druckknopfes – in dieser Phase auf das Leder. Schneiden Sie die Lederteile zu (Abb. 103).

Abb. 103 Die zugeschnittenen Lederteile der Börse und der Druckknopf

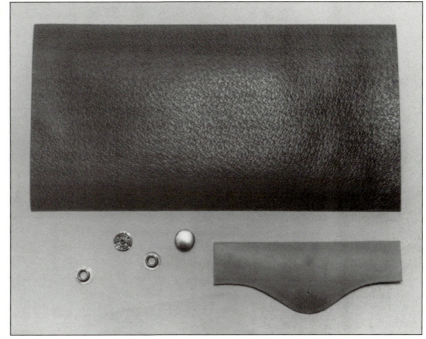

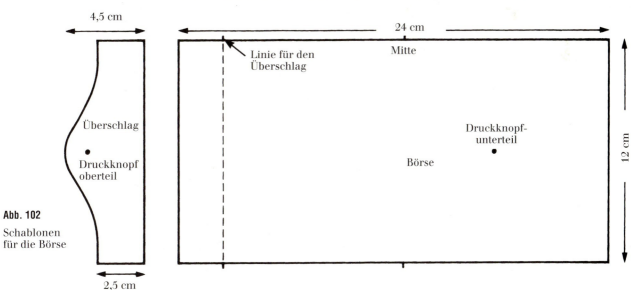

Abb. 102 Schablonen für die Börse

2. Färben und polieren Sie die Kanten des Überschlags, und reifeln Sie nur die geschwungene Kante (siehe Kapitel 7).

3. Markieren Sie auf dem Überschlag 2,5 mm neben der Lederkante den Nahtverlauf.

4. Polieren Sie die Schmalseiten der Börse.

5. Leimen Sie den Überschlag mit PVA-Leim auf der Börse fest, und stechen Sie den Nahtverlauf auf einer Korkunterlage mit der Ahle vor.

6. Bereiten Sie einen Faden vor, und nähen Sie den Überschlag an das in die Nähkluppe geklemmte Werkstück (siehe Kapitel 10).

7. Befestigen Sie den Druckknopf (siehe Kapitel 13).

8. Markieren Sie den Nahtverlauf auf der Börse – 2,5 mm neben der Lederkante bis 2 mm vor dem Bruch (Abb. 104).

9. Bestreichen Sie die Seitennähte mit PVA-Leim. Falten Sie die Börse in der Mitte, und klemmen Sie die Kanten zusammen, bis der Leim trocken ist (Abb. 105).

10. Stechen Sie die Stichmarkierungen mit der Ahle auf einer Korkunterlage vor, und nähen Sie dann die Seitennähte zusammen.

11. Färben und polieren Sie die Kanten.

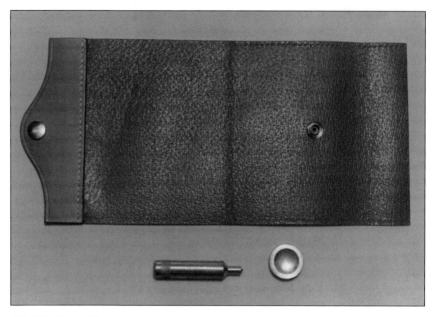

Abb. 104 Überschlag und Druckknopf sind nun angebracht

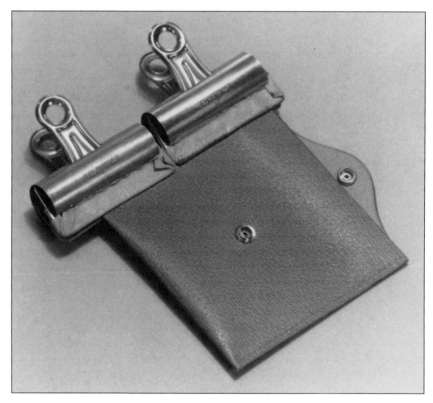

Abb. 105 Nun können die Seitennähte genäht werden

Projekte für den Anfänger

Maske

(Siehe Farbfoto 15.)

1. Verwenden Sie die abgebildete Schablone (Abb. 106), oder fertigen Sie eine eigene an. Knicken Sie dazu ein Stück Papier in der Mitte und markieren Sie Auge und Nase. Zeichnen Sie dann ausgehend von der Nasenspitze eine phantasievolle Maskenform. Schneiden Sie die Schablone aus, und falten Sie sie auseinander.
2. Fixieren Sie die Schablone mit Kreppband auf dem Leder, und umreißen Sie die Konturen mit einer Anreißahle oder einem spitzen Bleistift. Nehmen Sie die Schablone ab, und schneiden Sie die Maske zu (Abb. 107).

Material
- 1,5 mm starkes Flankenfahlleder
- Werkzeug
- Messer
- Revolver-Lochzange
- Anreißahle

15 Zwei einfache geformte Ledermasken

Abb. 106
Die Schablone für die Maske

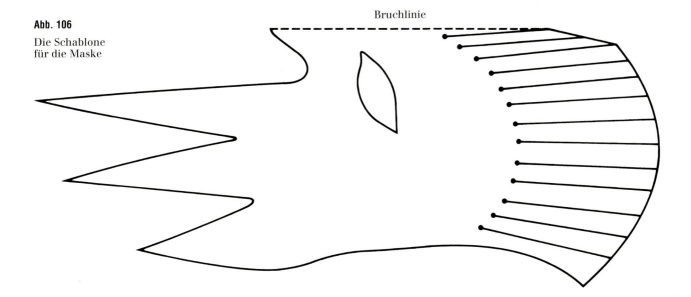

Abb. 107 Zuschnitt einer Maske aus naturellem Flankenleder

Abb. 108 Die Maske wird auf dem Kopf einer alten Schaufensterpuppe geformt

3. Tauchen Sie die Maske einige Sekunden lang ganz unter Wasser. Falls Sie die Maske mit Prägewerkzeugen verzieren wollen (siehe Kapitel 15), muß das vor der Formgebung geschehen. Lassen Sie das Leder vor dem Stempeln etwas trocknen. Tun Sie dies nicht, beschädigen die Punzierköpfe die Lederoberfläche.
4. Formen Sie das Leder, solange es naß ist. Legen Sie es dazu auf den Kopf einer alten Schaufensterpuppe, oder formen Sie es vor dem Spiegel auf Ihrem Gesicht. Achten Sie darauf, daß die Augen richtig und auf gleicher Höhe liegen. Ist dies nicht der Fall, vergrößern Sie die Ausschnitte und korrigieren die Schablone für das nächste Mal. Drücken Sie das Leder über den Nasenrücken nach unten. Das ist sehr wichtig, damit die Maske später bequem sitzt (Abb. 108).
5. Zwirbeln Sie die Lederstreifen am Haaransatz (Abb. 109) und die Spitzen am Kinn. Verbreitern Sie die Augenlöcher, und drücken Sie das Leder um den Kopf oder das Gesicht, um eine naturgetreue Form zu erlangen. Pressen und ziehen Sie das Leder in jeder erdenklichen Weise, um die Merkmale der Maske herauszuarbeiten.
6. Die fertige Maske können Sie lufttrocknen lassen oder leicht »aufbacken«. Stellen Sie das Stück auf einem Stützklotz bis zu zwei Minuten in einen auf unterster Temperatur eingestellten Backofen. Dadurch wird das Leder hart. Lassen Sie es jedoch nicht zu heiß werden, da es sich dann verzieht und schrumpft.
7. Ist die Maske vollkommen getrocknet, können Sie ein Polish auftragen, falls sie naturbelassen bleiben soll, oder sie mit Lederfarbe auf Acrylbasis bemalen.
8. Soll die Maske getragen werden (Abb. 110), schneiden Sie zwei 3 mm breite Lederriemen zu, die Sie jeweils an einem Ende verknoten. Stanzen Sie seitlich in die Maske, oberhalb der Ohren je ein Loch ein, und ziehen Sie die Riemen durch.

Projekte für den Anfänger

Abb. 109
Das Haar wird gezwirbelt

Abb. 110
Eine vor das Gesicht gehaltene Maske
kann eine starke Wirkung haben

17 Mittelschwere Projekte

Ziel der folgenden drei Projekte ist es, bereits erworbene Fertigkeiten, wie Zuschneiden, Nähen einer Sattlernaht und Zurichten einer Schnittkante, weiterzuentwickeln. Zudem werden neue Techniken und Herstellungsmethoden vorgestellt. Für die Anfertigung der Brieftasche müssen mehrere Lagen Leder zusammengesetzt und -genäht werden, geschlossen wird sie mit einem Magnetverschluß. Die Überschlagtasche hat einen Schulterriemen und eine Knopfniete. In beiden Fällen handelt es sich um flache Werkstücke ohne Seiten- oder Einsatzteile. Die kleine Aktentasche hat hingegen einen dreiteiligen Einsatz, der ihr Volumen gibt, eine einfache Innentasche und einen flachen Griff sowie ein Aktentaschenschloß zum Schließen des Überschlags.

16 Brieftasche und Überschlagtasche

Brieftasche

(Siehe Farbfoto 16.)

Material
- 1 mm starkes Kalbs-, Ziegen- oder Schweinsleder
- 1 kleiner Magnetverschluß
- Leinenzwirn 18/3
- Bienenwachs
- PVA-Leim
- Lederfarbe für die Kanten mit Applikator
- Lederleim für die Kanten mit Applikator
- Ein kleines Stück Segeltuch

Werkzeug
- Messer
- Schärfmesser
- Schärfmaschine (optional)
- Stechzirkel
- Einfaches Reifeleisen
- Spirituslampe
- Durchstecheisen Größe 7
- Sattlernadeln Stärke 5
- Ahle mit 57-mm-Ahleisen
- Nähkluppe
- Rohhauthammer
- Korkunterlage
- 10-mm-Flachpinsel
- Falzbein
- 6 Leimklemmen

1. Stellen Sie aus den Vorlagen exakte Schablonen her (Abb. 111), legen Sie diese auf das Leder, und reißen Sie rundherum an. Markieren Sie den Platz für Innenfach, Zwischenteil, Klappe und Magnetverschluß. Schneiden Sie alle Teile zu (Abb. 112, Seite 88).
2. Befestigen Sie das Unterteil des Magnetverschlusses im Brieftaschenkorpus und das Oberteil im Klappenfutter (Abb. 113, Seite 88). (Sie können auch einen Druckknopf nehmen.)
3. Schärfen Sie den Verstärkungsstreifen um etwa ein Drittel auf der Schärfmaschine (siehe Kapitel 8), oder ziehen Sie seine untere Kante mit dem Schärfmesser ab, damit beim Festleimen kein Wulst vorhanden ist. Leimen Sie den Verstärkungsstreifen parallel zum oberen Brieftaschenrand fest. Runden Sie die oberen Ecken mit einem scharfen Messer ab.
4. Leimen Sie die Klappe auf das Klappenfutter, markieren Sie dann 2,5 mm neben der Kante rundherum den Nahtverlauf, und stechen Sie die Stichlöcher auf einer Korkunterlage vor.
5. Markieren Sie längs in Brieftaschenmitte die Naht, an der das Zwischenteil festgenäht wird.
6. Markieren Sie die Linie, auf der das Zwischenteil festgeleimt wird.
7. Damit sich das Zwischenteil umklappen läßt, bekommt es ein »Scharnier«. Legen Sie dazu

Abb. 111 Die Schablonen für die Brieftasche

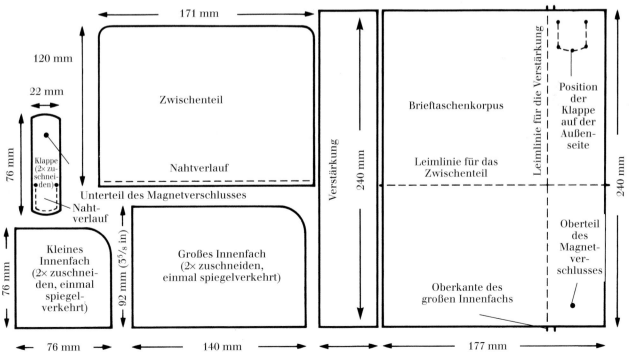

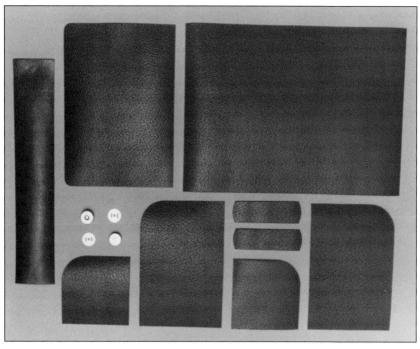

Abb. 112 Die zugeschnittenen Lederteile der Brieftasche und der Magnetverschluß

6 mm neben der Kante, an der die Naht verläuft, ein Stahllineal an, und biegen Sie das Leder mit dem Falzbein rechtwinklig.

8. Färben, polieren und reifeln Sie die gerundeten Ecken der Innenfächer.
9. Leimen Sie die Fächer fest (Abb. 114). Klemmen Sie sie mit Leimklemmen zusammen, bis der Leim trocken ist, und ziehen Sie dann mit einem scharfen Messer an den Ecken entlang.
10. Markieren Sie den umlaufenden Nahtverlauf 2,5 mm neben der Lederkante mit einem Durchstecheisen. Halten Sie die Ahle senkrecht, und stechen Sie die Stichlöcher auf einer Korkunterlage vor.
11. Bereiten Sie einen gewachsten Faden vor, und nähen Sie die Brieftasche rundherum mit einer Sattlernaht zusammen.

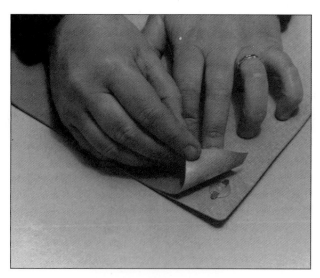

Abb. 113 Das Unterteil des Magnetverschlusses wird vor dem Aufleimen des Verstärkungsstreifens an der Brieftasche befestigt

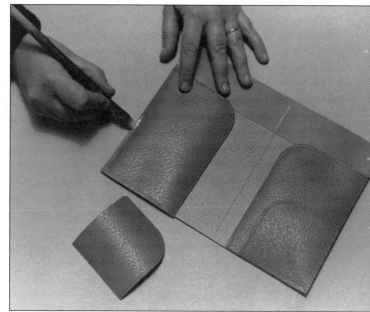

Abb. 114 Die Fächer werden angeleimt, nachdem die Kanten poliert und gereifelt wurden. Die Linie, an der das Zwischenteil befestigt wird, wurde innen markiert

Mittelschwere Projekte

Abb. 115
Nach dem Annähen der Innenfächer und Polieren der Kanten wird die Klappe an die Brieftasche genäht

Abb. 116
Zum Schluß wird innen das Zwischenteil angenäht

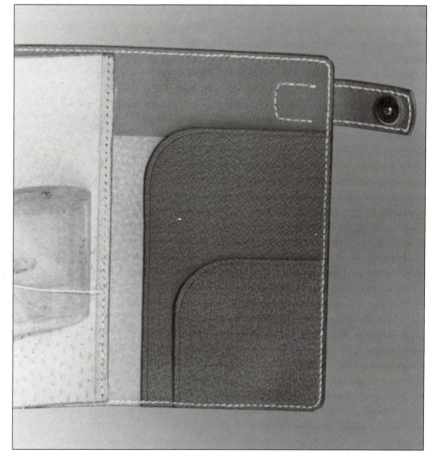

12. Nähen Sie die Klappe bis dort, wo sie an der Brieftasche befestigt wird, zusammen.
13. Färben und polieren Sie die Kanten der Brieftasche und der Klappe.
14. Nähen Sie die Klappe an (Abb. 115).
15. Leimen Sie das Zwischenteil im Brieftascheninneren auf. Drehen Sie die Brieftasche um, stechen Sie die Stichlöcher mit einer Ahle auf einer Korkunterlage durch, und nähen Sie dann das Zwischenteil an (Abb. 116).

Mittelschwere Projekte

Material
- 1 mm starkes Kalbs-, Schweins- oder Ziegenleder
- 2,5 mm starkes Rindleder
- 1 Messingknopfniete
- 15-mm-Messingschnalle
- Leinenzwirn 18/3
- Bienenwachs
- Ein Stück Segeltuch
- PVA-Leim
- Lederleimlösung für die Kanten mit Applikator
- Lederfarbe für die Kanten mit Applikator

Werkzeug
- Messer
- Zwinge
- Ahle mit 57-mm-Ahleisen
- Schärfmesser
- Durchstecheisen Größe 7
- Rohhauthammer
- Kantenzieher Größe 2
- Revolver-Lochzange
- Sattlernadeln Größe 5 oder 4
- Schraubendreher
- Schraubstock (optional)
- Zange
- Stechzirkel
- Korkunterlage
- Lithostein (optional)
- 10-mm-Flachpinsel
- Leimklemmen

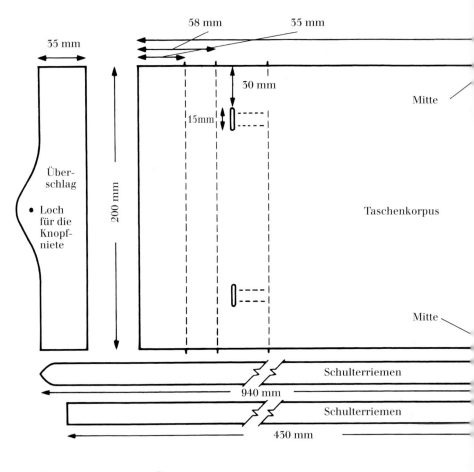

Abb. 117 Schablonen für die Überschlagtasche

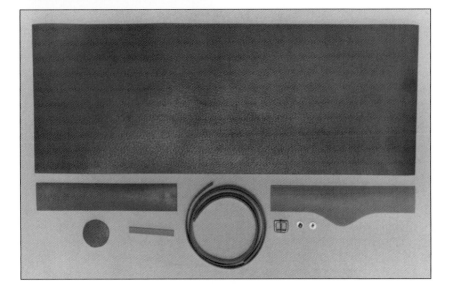

Überschlagtasche

1. Stellen Sie aus dünnem Karton die Schablonen laut Zeichnung her (Abb. 117). Legen Sie diese auf das Leder, und reißen Sie rundherum an. Zeichnen Sie wichtige Daten, wie die Lage der Niete und des Überschlags, der Schlitze für den Riemen, der Bruchlinie und der Verstärkung, genau an.

Abb. 118
Die zugeschnittenen Lederteile, die Knopfniete und die halbe Rollschnalle

Mittelschwere Projekte

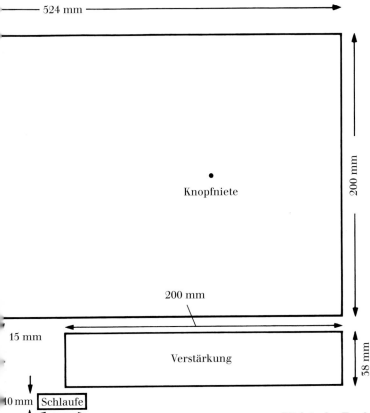

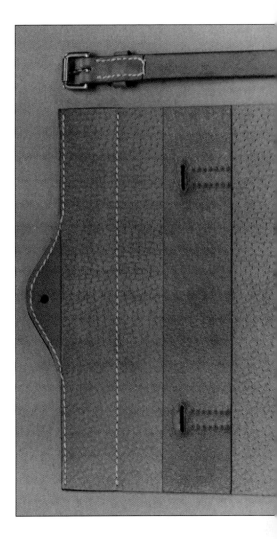

Abb. 119
Blick in das Tascheninnere mit angebrachtem Überschlag und Verstärkungsstreifen; die Schlitze für den Riemen sind geschnitten, die Nahtverläufe vorgestochen, und die Schnalle ist an den Schulterriemen genäht

2. Schneiden Sie sämtliche Lederteile einschließlich des Schulterriemens zu (Abb. 118).
3. Polieren Sie die Seite der Tasche, an welcher der Überschlag angebracht wird. Schärfen Sie die gegenüberliegende Seite, und schlagen Sie sie um (siehe Kapitel 8).
4. Ziehen Sie die Kanten des Überschlags ab, und färben und polieren Sie diese. Markieren Sie dann mit dem Durchstecheisen die Stiche 2,5 mm neben der Lederkante.
5. Stanzen Sie das Loch, und schneiden Sie die Schlitze in den Überschlag.
6. Leimen Sie den Überschlag auf dem Taschenkorpus fest. Nähen Sie die hintere gerade Kante und dann die vordere geschwungene Kante.
7. Leimen Sie die Verstärkung auf der Fleischseite der Tasche fest.
8. Fixieren Sie die Knopfniete (siehe Kapitel 13), und leimen Sie die Lederabdeckung auf die Rückseite der Niete.
9. Feilen und polieren Sie gegebenenfalls die Schnalle (siehe Kapitel 4).
10. Ziehen Sie den Riemen und die Schlaufe ab, färben und polieren Sie diese.
11. Schärfen Sie die Riemenenden, die an die Tasche genäht werden, sowie das Riemenende, an dem die Schnalle angebracht wird (siehe Kapitel 8).
12. Nähen Sie die Schnalle und die Schlaufe an (siehe Kapitel 10).
13. Schneiden Sie für die Riemen zwei Schlitze, die exakt der Riemenbreite entsprechen. Markieren Sie den Nahtverlauf für die Befestigung der Riemenenden auf der Taschenrückseite, und stechen Sie die Stichlöcher auf einer Korkunterlage vor (Abb. 119).
14. Leimen und nähen Sie den Schulterriemen fest (Abb. 120).

15. Bestreichen Sie die Taschenkanten mit Leim, und falten Sie sie dann in der Mitte. Klemmen Sie die Kanten zwischen Leimklemmen, bis der Leim trocken ist.
16. Stechen Sie auf einer Korkunterlage die an den Seiten des Überschlags bereits markierten Stichlöcher durch die drei Lederlagen vor. Markieren Sie auf jeder Seite die verbleibenden Stiche, und zwar 2,5 mm neben der Kante und bis 2 mm vor dem Falz, und stechen Sie diese vor, bevor Sie die Tasche zusammennähen (Abb. 121).
17. Egalisieren Sie die Kanten gegebenenfalls mit dem Schärfmesser, bevor Sie sie färben und polieren.

Kleine Aktentasche

(Siehe Farbfoto 17, Seite 95.)

1. Stellen Sie aus Karton exakte Schablonen laut Zeichnung her (Abb. 122).
2. Legen Sie die Schablonen auf das Leder. Vermeiden Sie eventuelle Lederfehler, und reißen Sie rundherum an. Übertragen Sie in dieser Phase alle wichtigen Einzelheiten des Entwurfs, wie die Lage des Griffs, der Einsätze, der Innenta-

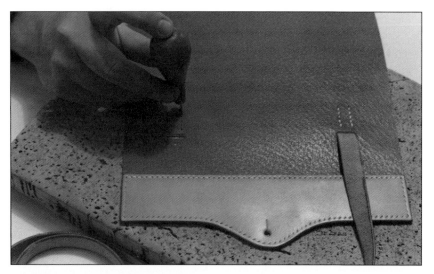

Abb. 120 Das Laschenende des Riemens wurde bereits angenäht; für den anderen Riemen werden die Stichlöcher auf dem Kork vorgestochen

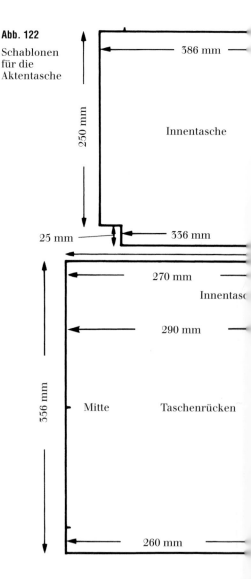

Abb. 122 Schablonen für die Aktentasche

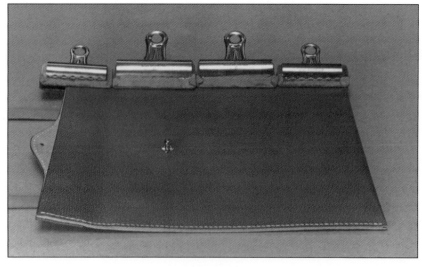

Abb. 121 Eine Seite wurde bereits genäht, die andere wird noch verleimt und kann dann genäht werden

Mittelschwere Projekte

sche und des Schlosses, auf das Leder.
3. Wenn das Leder bereits vorgefärbt und zugerichtet ist, können Sie die Taschenteile direkt zuschneiden. Handelt es sich um naturelles Leder, muß es vor dem Zuschnitt noch zugerichtet werden (siehe Kapitel 6).
4. Ziehen Sie die oberen Kanten der Seiteneinsätze und der Vorderseite der Tasche ab, färben, polieren und reifeln Sie sie.
5. Bereiten Sie den dreiteiligen Einsatz vor. Feuchten Sie die Fleischseite der drei Einsatzteile an, und schneiden Sie 8 mm neben der Lederkante mit einem Lederausheber Hohlkehlen. Legen Sie auf der Narbenseite einen Winkel an die Hohlkehle, und biegen Sie die Einsatzteile mit einem Falzbein mit Druck rechtwinklig. Setzen Sie die Teile zusammen, wenn das Leder trocken ist (siehe Kapitel 11).
6. Bereiten Sie den Griff vor. Verdünnen Sie ein Ende des Griffstreifens bis 10 mm vor dem Ende auf eine steile Abschrägung (siehe Kapitel 8). Ziehen Sie die kurzen Lederkanten, die um die D-Ringe gelegt werden, ab und

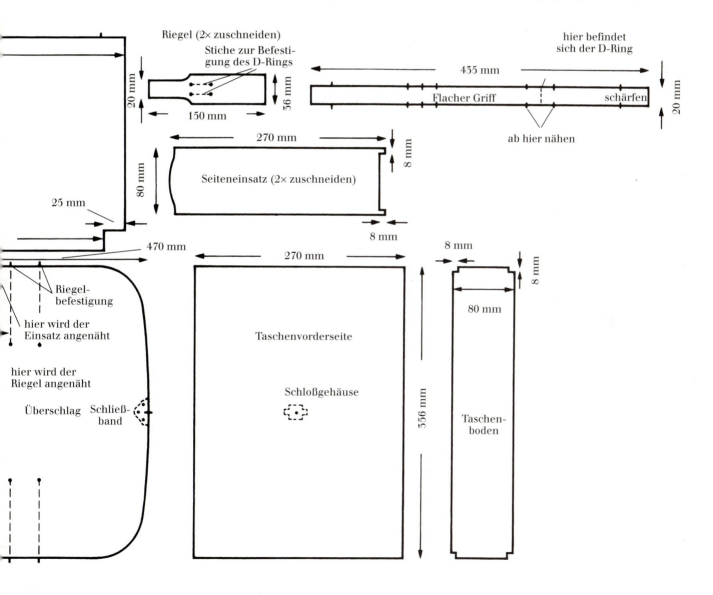

färben und polieren Sie diese. Legen Sie die D-Ringe auf die beiden Falzlinien, und biegen Sie dann den nicht verdünnten Teil des Griffs unter das Mittelteil. Leimen Sie ihn fest, und klemmen Sie ihn mit Leimklemmen fest. Biegen Sie nun den verdünnten Teil auf diese Lage, und leimen Sie ihn fest. Markieren Sie den Nahtverlauf an beiden Griffseiten, und nähen Sie die Lagen zusammen. Begradigen Sie die Kanten der zusammengenähten Lagen mit dem Schärfmesser. Ziehen Sie die Griffkanten ab, färben und polieren Sie sie.

7. Bereiten Sie die Riegel vor. Verdünnen Sie die Enden, die um die D-Ringe gelegt werden, bis 40 mm vor den schmalen Enden. Ziehen Sie nur die Narbenkanten ab, und färben und polieren Sie danach alle Kanten mit Ausnahme derer, die parallel zum Überschlag verlaufen. Diese Kanten werden zugerichtet, wenn der Überschlag poliert wird. Markieren Sie den Nahtverlauf. Verleimen und nähen Sie die Enden, an denen die D-Ringe befestigt werden.

8. Leimen und nähen Sie die Riegel an den Taschenüberschlag. Arbeiten Sie dabei erst beide Nähte auf der einen Seite und dann beide Nähte auf der anderen Seite (Abb. 123).

9. Ziehen Sie ab dort, wo die Einsätze auf den Taschenrücken treffen, die Kanten des Überschlags ab, färben und polieren Sie diese. Markieren Sie den Nahtverlauf auf dem Überschlag und nähen Sie dort.

10. Fixieren Sie das Schließband des Schlosses auf dem Überschlag (siehe Kapitel 13).

11. Markieren Sie im Abstand von 3 mm um Rücken- und Vorderteil herum den Nahtverlauf.

12. Befestigen Sie das Schloß an der Taschenvorderseite, und nähen Sie die Abdeckung an.

13. Polieren Sie die obere Kante der Innentasche, und verdünnen Sie 6 mm neben den Kanten die Seiten und den Boden.

14. Leimen Sie die Innentasche auf dem Taschenrücken fest.

15. Leimen und nähen Sie den dreiteiligen Einsatz zunächst auf der Taschenvorderseite und dann auf dem Rücken fest.

16. Begradigen Sie die Kanten mit dem Schärfmesser, ziehen Sie sie dann ab, färben und polieren Sie sie.

Material
- 2,5 mm starkes Rindleder
- 1 mm starkes Kalbs- oder Schweinsleder
- Aktentaschenschloß aus massivem Messing
- 3 Nieten
- 2 Spreiznieten
- 2 20-mm-D-Ringe aus Messing
- PVA-Leim
- Leinenzwirn 18/4
- Bienenwachs
- Lederleimlösung für die Kanten mit Applikator
- Lederfarbe für die Kanten mit Applikator
- Ein kleines Stück Segeltuch

Werkzeug
- Messer
- Anreißahle oder Bleistift
- Durchstecheisen Größe 7
- Ahle mit 57-mm-Ahleisen
- Sattlernadeln Stärke 4
- Rohhauthammer
- Metallhammer
- Nähkluppe
- Zange
- Kantenzieher Größe 2
- Stechzirkel
- Einfaches Reifeleisen
- Spirituslampe
- Falzbein
- Lederausheber
- Revolver-Lochzange
- 10-mm-Pinsel
- Leimklemmen
- Bleiklotz (optional)
- Nietkopfsetzer
- Korkunterlage

Abb. 123 Der flache Griff und die angenähten Riegel

Mittelschwere Projekte

17 Aktentasche aus lohfarbenem Leder

18 Projekte für Fortgeschrittene

Die letzten vier Projekte sind alle verschieden. Jedes Projekt führt den erfahrenen Lederhandwerker in Techniken ein, die auf bereits erworbenen und praktizierten Fertigkeiten aufbauen und diese erweitern. Die Schrägsteppstichtasche wird ähnlich wie die Lederbox gearbeitet. Bevor Sie diese Tasche anfertigen, müssen Sie also lernen, eine Schrägsteppstichnaht zu nähen. Machen Sie vorab eine einfache Box, wie in Kapitel 10 beschrieben.
Die Ausformung der geformten Tasche erfolgt mit Hilfe einer zweiteiligen Holzform. Das Leder wird im Naßzustand geformt, getrocknet und die Tasche wie jede andere Ledertasche mit Schnittkanten gearbeitet. Bei dem Quiltgürtel steppen Sie ein Dekor durch zwei Lagen Kalbsleder. Zwischen die Lederlagen wird ungesponnene Schafwolle eingelegt, um einen wattierten Bereich zu bilden. Die Kanten werden geschärft und umgebugt, die Schnalle mit Leder überzogen und gesteppt. Das Ergebnis ist ein feiner, weicher Gürtel mit hohem Tragekomfort.
Das letzte Arbeitsstück, die große Schultertasche, erhält eine gesteppte Bugkante. Sie hat U-förmige Seitenteile, ein Leinenfutter und eine herabhängende Innentasche, und der Überschlag wird mit einer Schnalle geschlossen. Dieses Beispiels zeigt, daß die sorgfältige Auswahl des Materials – entsprechender Machart des Arbeitsstücks –, eine praktische, leichte Tasche hervorbringen kann, die stabil und dennoch modisch ist.

Material
- 2,5 mm starkes Rindleder, vorzugsweise aus dem Doppelcroupon
- 1 mm starke Lederreste
- 3 Messingknopfnieten
- Leinenzwirn $18/4$
- Bienenwachs
- Ein kleines Stück Segeltuch
- Lederfarbe für die Kanten mit Applikator
- Lederleim für die Kanten mit Applikator
- Gummilösung
- Holzklotz oder Furnierplatte

Werkzeug
- Anreißahle oder scharfer Bleistift
- Messer
- Durchstecheisen Größe 7
- Sattlernadeln Stärke 4
- Rohhauthammer
- Ahle mit 57-mm-Ahleisen
- Stechzirkel
- Einfaches Reifeleisen
- Spirituslampe
- Kantenzieher Größe 2
- Revolver-Lochzange
- Schraubendreher
- Zange
- Schraubstock (optional)
- Korkunterlage
- 6 starke Gummibänder

Schrägsteppstichtasche

1. Stellen Sie sich zunächst aus billigem Holz oder einer Furnierplatte einen Stützklotz als Nähhilfe her. Er sollte mindestens 10 mm höher sein als die Breite des Einsatzes beträgt. Glätten Sie die Holzoberfläche mit Schleifpapier, doch runden Sie nicht die Kanten ab.
2. Stellen Sie nach der Zeichnung Schablonen aus Karton her (Abb. 124). Legen Sie diese mit Bedacht auf das Leder, und schneiden Sie die Teile zu. Schneiden Sie den Riemen zu. Markieren Sie die Positionen der Knopfnieten, die Mitten und die genauen Punkte, an denen der Einsatz an das Rückenteil gesteppt wird.
3. Ziehen Sie die Kanten des Überschlags, der Oberseiten des Einsatzes, des Vorderteils der Tasche und des Riemens ab, färben, polieren und reifeln Sie diese.
4. Ziehen Sie am Vorderteil und Rücken der Tasche nur die Narbenkanten ab und färben und polieren Sie diese dann. Belassen Sie die Seiten des Einsatzes offen.
5. Bereiten Sie die Tasche für die Schrägsteppstiche vor, indem Sie 3 mm neben den Lederkanten des Vorderteils und des Rückens und der Seiten des Einsatzes den Nahtverlauf markieren. Stechen Sie die Stichlöcher im Einsatz mit schräg gehaltener Ahle auf einer Korkunterlage vor (siehe Kapitel 10).
6. Markieren Sie auf dem Vorderteil die Naht der Nietenabdeckung.
7. Fixieren Sie die Knopfnieten auf dem Einsatz (siehe Kapitel 13).
8. Streichen Sie vorsichtig Gummilösung auf die offene Kante einer Seite des Einsatzes und dicht neben die Kante der Fleischseite des Vorderteils.
9. Legen Sie das Vorderteil mit der Narbenseite flach auf die Werkbank, und legen Sie den Stützklotz richtig darauf. Leimen Sie den Einsatz von der Mitte aus rechtwinklig an das Vorderteil, und benutzen Sie dabei den Klotz als Stütze. Fixieren Sie die Teile mit starken Gummibändern, bis Sie mit dem Steppen begonnen haben.

18 Schrägsteppstichtaschen

Abb. 124 Schablonen für die Schrägsteppstichtasche

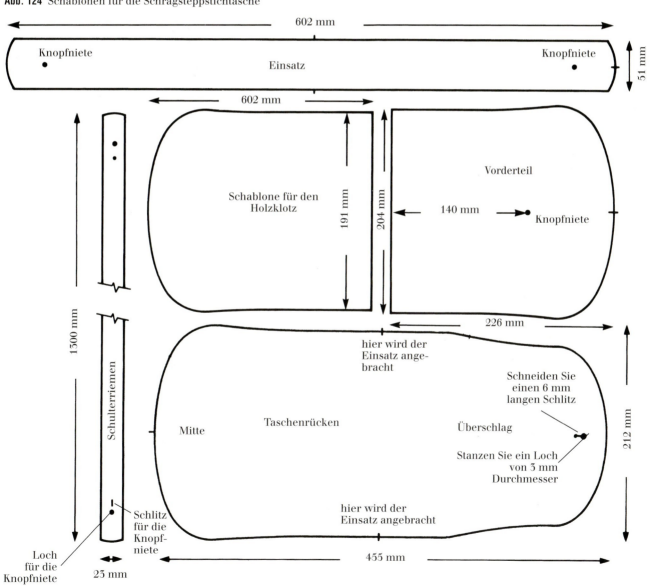

10. Bereiten Sie einen Faden vor, und beginnen Sie mit der Schrägsteppstichnaht (Abb. 125).
11. Beim Nähen werden Sie feststellen, daß die Stichmarkierungen im Einsatz und im Vorderteil der Tasche nicht genau fluchten. Das liegt daran, daß die Naht des Einsatzes länger ist. Um dies auszugleichen, sticht man auf dem Vorderteil zweimal in dasselbe Loch ein, während man im Einsatz zwei Stiche näht. Stechen Sie dazu die versetzten Löcher mit der Ahle vor, und stechen Sie dann, während die Spitze der Ahle im selben Loch auf dem Vorderteil ist, in das gegenüberstehende Loch im Einsatz ein, d. h. erzeugen Sie ein Loch im Vorderteil und zwei im Einsatz. Nähen Sie den ersten Stich normal. Schieben Sie nun die linke Nadel durch das linke Loch im Einsatz und in das parallel dazu liegende bereits benutzte Loch auf dem Vorderteil (Abb. 126). Ziehen Sie die linke Nadel – falls nötig mit der Zange – durch, und führen Sie dann die rechte Nadel durch die gleiche Bahn (Abb. 127). Ziehen Sie die Stiche vorsichtig stramm. Der »verlorene« Stich sollte gerade unterhalb der Oberfläche des Vorderteils verschwinden. Arbeiten Sie immer so, wenn Sie Stichlöcher in die Flucht bringen müssen.
12. Nachdem Sie das Vorderteil und den Einsatz zusammengenäht haben, stanzen Sie ein Loch in das Vorderteil und befestigen die Knopfniete (siehe Kapitel 13). Leimen Sie die Schraubenabdeckung auf der Fleischseite des Vorderteils fest, und nähen Sie sie an. Die Abdeckung gibt Halt, wenn der Überschlag auf den Knopf gedrückt wird.
13. Leimen Sie den Taschenrücken und den Einsatz mit Gummilösung zusammen.
14. Legen Sie einen kleinen Holzklotz in die Tasche, und nähen Sie die Teile zusammen.
15. Stanzen Sie in den Überschlag und die Riemenenden Löcher, und schneiden Sie kurze Schlitze, damit sie über die Knopfnieten passen (Abb. 128).

Abb. 125

Nähen einer Schrägsteppstichnaht bei eingelegtem Holzklotz

Projekte für Fortgeschrittene

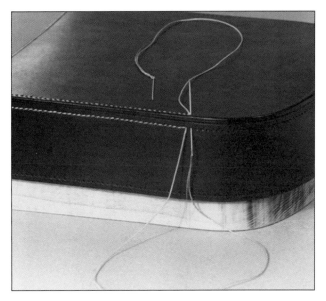

Abb. 126 Ein Stich wird doppelt genäht – Verlauf der linken Nadel

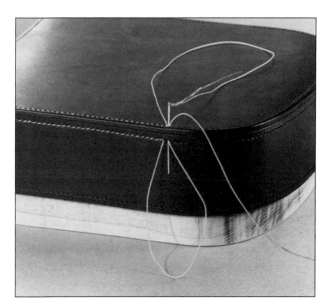

Abb. 127 Ein Stich wird doppelt genäht – Verlauf der rechten Nadel

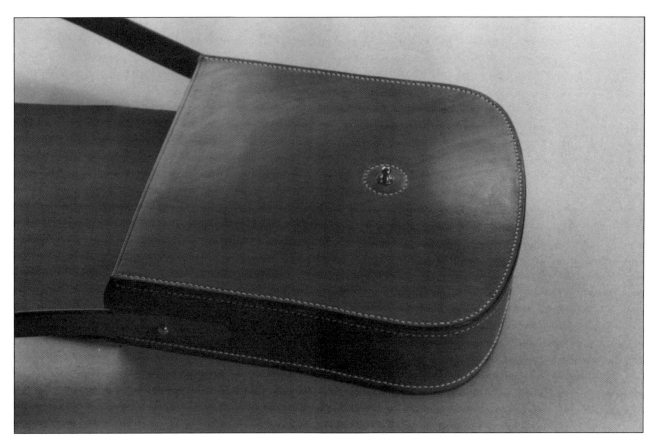

Abb. 128 Die Enden des Schulterriemens wurden über die Knopfnieten des Einsatzes gedrückt

Geformte Schultertasche

(Siehe Farbfoto 19. Bevor Sie die Tasche anfertigen, müssen Sie eine zweiteilige Holzform herstellen.)

1. Schneiden Sie die Größe und Form des Fichtenholzklotzes mit Hilfe der Schablone zurecht (Abb. 129).

> *Material und Werkzeug zur Herstellung der Form*
> - Ein 38 × 226 × 185 mm großer Klotz aus Fichtenholz oder ähnlichem Holz
> - Ein 16 × 300 × 340 mm großes Stück Spanplatte
> - Ein 18 × 300 × 340 mm großes Stück Sperrholz
> - 25-mm-Schrauben
> - Schleifpapier mittlerer und feiner Körnung
> - Holzbearbeitungswerkzeuge

2. Zeichnen Sie auf die Oberseite der Form rechts und links die gerundeten Ecken. Bearbeiten Sie das Holz mit dem Hobel, und erzeugen Sie die Form mittels einer aus Karton zugeschnittenen Schablone.
3. Entfernen Sie scharfe Kanten mit der Feile. Von der flachen Oberfläche bis zu den Seiten muß eine glatte, durchgängige Rundung entstehen. Bearbeiten Sie das Holz zum Schluß mit Schleifpapier, bis sich es absolut glatt anfühlt.
4. Markieren Sie die Form auf der Mitte der Spanplatte. Bohren Sie auf der Rückseite vier Schraublöcher, senken Sie diese an, und schrauben Sie die Form auf die Spanplatte.
5. Schneiden Sie aus der Mitte des Sperrholzes einen Ausschnitt aus; das ist das Oberteil der Form. Der Ausschnitt sollte links, unten und rechts zur Berücksichtigung der Lederstärke 3 mm größer sein als die Form.
6. Setzen Sie zur Verstärkung an die gerade obere Kante der Form eine Sperrholzleiste.
7. Versiegeln Sie das Holz mit French Polish oder Schellack. Die zweiteilige Form ist nun einsatzbereit.

19 Geformte Schultertaschen

Projekte für Fortgeschrittene

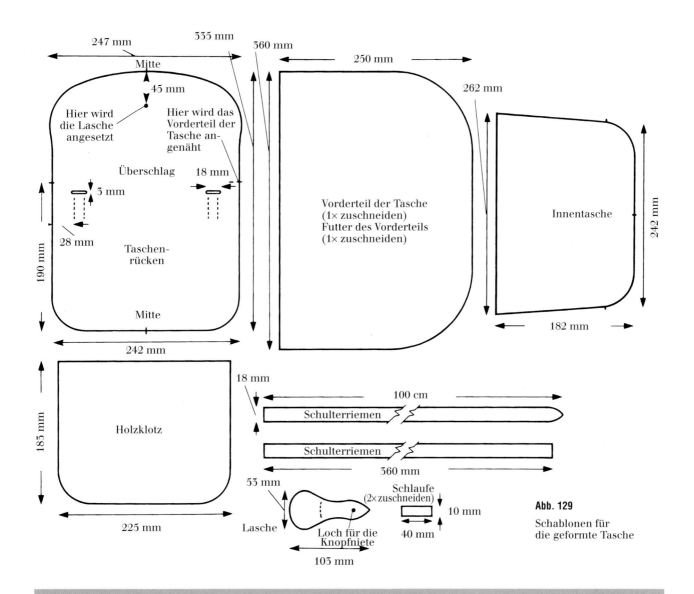

Abb. 129
Schablonen für die geformte Tasche

Material und Werkzeug für die Tasche

Material
- 2–2,5 mm starkes Rindleder
- 0,5–1,0 mm starkes Schweins- oder Kalbsleder
- 2 Knopfnieten
- Leinenzwirn 18/4
- Lederleim für die Kanten mit Applikator
- Lederfarbe für die Kanten mit Applikator
- PVA-Leim
- Bienenwachs
- Pliantene oder 4-Way-Care
- Farblose Schuhcreme
- Ein Stück Segeltuch

Werkzeug
- Messer
- Stechzirkel
- Durchstecheisen Größe 7
- Sattlernadeln Stärke 4
- Falzbein
- Zange
- Anreißahle
- Revolver-Lochzange
- Schärfmesser
- Kantenzieher Größe 2
- Einfaches Reifeleisen
- Spirituslampe
- Ahle mit 57-mm-Ahleisen
- Nähkluppe
- Leimklemmen
- 8 Schraubzwingen
- 18-mm-Kapplocheisen
- 10-mm-Pinsel
- Reißnägel und Hammer

1. Stellen Sie nach der Zeichnung Schablonen aus Karton her (Abb. 129). Legen Sie diese auf das Leder, und reißen Sie um die Teile herum an. Markieren Sie die Punkte, an denen sich Knopfniete, Riemen und Lasche befinden. Schneiden Sie das zu formende Vorderteil der Tasche aus einem Bereich nahe des Halses oder aus der Mitte der Haut zu und nicht aus dem Ende des Doppelcroupons. Schneiden Sie sämtliche Teile einschließlich des Schulterriemens zu.
2. Tauchen Sie das Vorderteil in warmes Wasser (Abb. 130), bis es vollkommen naß ist (Abb. 131). Legen Sie es mit der Narbenseite nach oben mittig auf die Form, und achten Sie darauf, daß die Oberkante mit der Form gerade abschließt. Nageln Sie kleine Reißnägel aus Messing oder Stahl dicht neben die Seiten an der Oberkante der Form, jedoch außerhalb der Schnittzugabe, damit das Leder nicht verrutscht, wenn das Oberteil der Form darauf gelegt und festgeklemmt wird (Abb. 132). Drücken Sie das Leder rund um die Form nach unten (Abb. 133), und schneiden Sie überschüssiges Leder keilförmig aus, damit das Oberteil der Form flach aufliegt (Abb. 134). Legen Sie das Oberteil der Form auf das Leder, und drücken Sie es fest und

Abb. 130 Das Vorderteil wird in Wasser getaucht

Abb. 131 Das Leder ist vollkommen naß

Abb. 132 Das Vorderteil der Tasche wird auf das Unterteil der Form genagelt

Abb. 133 Formen Sie das Leder mit den Handflächen um die Form

Projekte für Fortgeschrittene

Abb. 134 Keilförmige Einschnitte erleichtern das Flachdrücken des Leders

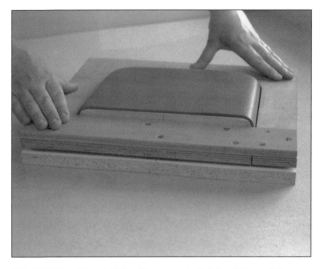

Abb. 135 Das Oberteil der Form wird gleichmäßig auf das Unterteil gedrückt

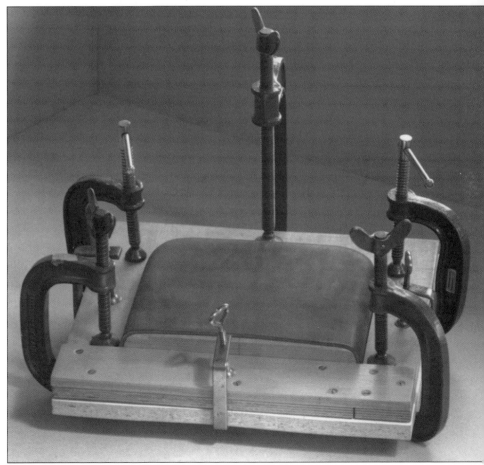

Abb. 136 In gleichem Abstand gesetzte Zwingen klemmen die Form zusammen, bis das Leder trocken ist

gleichmäßig nieder (Abb. 135). Setzen Sie rund um die Form jeweils einander gegenüberliegende Schraubzwingen. Wenn die Zwingen richtig plaziert sind, ziehen Sie diese so fest, daß sie auf jede Seite der Form den gleichen Druck aufbringen (Abb. 136). Lassen Sie das Leder lufttrocknen oder beschleunigen Sie den Trocknungsvorgang mit einem Haartrockner.

3. Wenn sich das Leder trocken anfühlt – was bis zu 24 Stunden dauern kann –, nehmen Sie das Oberteil der Form ab. Lassen Sie es jedoch noch etwas länger auf dem Unterteil liegen, damit die Seiten vollkommen durchtrocknen können. Lösen und entfernen Sie die Reißnägel vorsichtig aus den Seiten (Abb. 137).
4. Stellen Sie den Stechzirkel auf 5 mm ein, und ziehen Sie um die Form eine Schnittlinie (Abb. 138).
5. Schneiden Sie überschüssiges Leder mit senkrecht gehaltenem Messer ab (Abb. 139).

6. Markieren Sie den Nahtverlauf 3 mm neben dieser Lederkante sowie auf der Oberkante des Vorderteils, die nun zu einer leichten Rundung geschrumpft sein wird. Tragen Sie eine Schicht Pliantene oder Polish auf, und nehmen Sie dann das Leder von der Form.
7. Stanzen Sie ein Loch für die Knopfniete, und bringen Sie diese auf dem Vorderteil an (siehe Kapitel 13).
8. Formen Sie das Futterleder in der gleichen Weise im Naßzustand, jedoch mit der Narbenseite nach unten.
9. Wenn es trocken ist, legen Sie das Vorderteil der Tasche darauf und schneiden das Futter zu. Entfernen Sie eine 6 mm breite Abschrägung von den gerundeten Kanten des Futters, und leimen Sie es mit PVA-Leim auf dem Vorderteil fest.
10. Nähen Sie die Oberkante des Vorderteils, ziehen Sie diese ab, färben und polieren Sie sie.
11. Ziehen Sie die Kanten des Überschlags, der Riemen und der Lasche ab, färben und polieren Sie diese.
12. Stanzen Sie die Schlitze für den Riemen in die Tasche, und markieren Sie den Nahtverlauf. Markieren Sie den Nahtverlauf auf der Lasche. Reifeln Sie den Überschlag (Abb. 140).
13. Stanzen Sie ein 3 mm großes Loch und einen 6 mm langen Schlitz in die Lasche. Leimen und nähen Sie sie auf der Tasche fest (Abb. 141).
14. Stanzen Sie am kurzen Ende des Riemens ein Loch für die Knopfniete, und bringen Sie diese auf dem Riemen an (siehe Kapitel 13). Stanzen Sie dann vier 3 mm große Löcher und vier 6 mm lange Schlitze in das lange Ende des Riemens. Nähen Sie die zwei Schlaufen

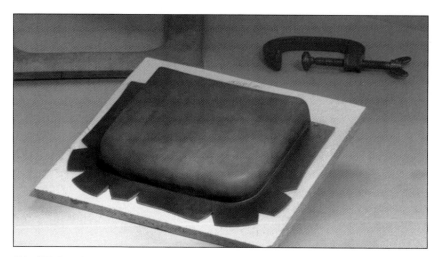

Abb. 137 Das Oberteil der Form wird abgenommen, wenn das Leder trocken ist

Abb. 138 Die Schnittlinie wird mit dem auf 5 mm eingestellten Stechzirkel markiert

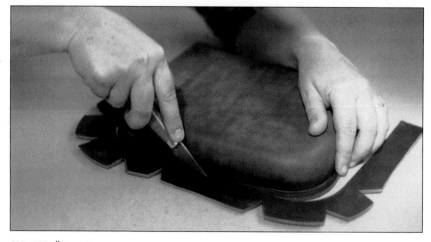

Abb. 139 Überschüssiges Leder wird abgeschnitten

Projekte für Fortgeschrittene

zusammen, und schieben sie diese jeweils über den Riemen.
15. Ziehen Sie die Riemenenden ab und schärfen Sie diese. Schieben Sie die Enden dann durch die Schlitze, und leimen Sie sie auf der Tasche fest.
16. Bereiten Sie die Innentasche vor, indem Sie die Oberkante polieren oder schärfen und umschlagen (siehe Kapitel 8). Schärfen Sie die Kanten, die mit eingenäht werden, auf einer Breite von 6 mm. Leimen Sie die Innentasche innen auf dem Taschenrücken fest.
17. Leimen sie die geformte Taschenvorderseite und den Taschenrücken mit Hilfe von Leimklemmen zusammen. Verwenden Sie zum Zusammennähen der Teile eine Ahle mit langem Ahleisen, damit die Vorderseite nicht beschädigt wird.
18. Nach dem Nähen begradigen Sie die Kante mit dem Schärfmesser. Anschließend ziehen Sie die Kante ab, färben und polieren sie.
19. Polieren Sie die fertige Tasche.

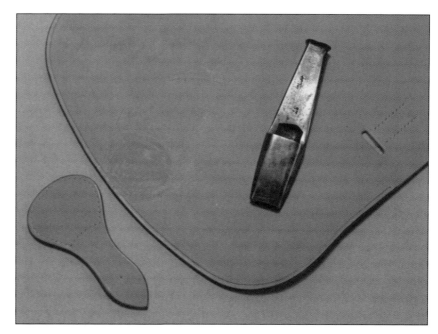

Abb. 140 Der Schlitz für den Riemen kann mit einem Kaplocheisen gestanzt werden

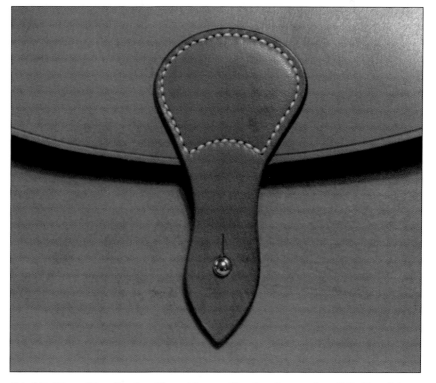

Abb. 141 Die auf den Taschenüberschlag genähte Lasche wurde auf die Knopfniete gedrückt. So stellt man fest, ob Loch und Schlitz die richtige Größe haben

Quiltgürtel

(Siehe Farbfoto 20, Seite 108, und 21, Seite 109.)

Material
- 0,5–0,75 mm starkes Kalbsleder
- 16-mm-Schnalle
- 2 Rollen Seiden-Knopflochgarn oder Leinenzwirn 35/3
- Sattlernadeln Größe 6 oder 7
- Ungesponnene Schafwolle
- PVA-Leim
- Bienenwachs

Werkzeug
- Messer
- Schärfmesser
- Schärfmaschine (optional)
- Streichriemen
- Anreißahle oder spitzer Bleistift
- Stechzirkel
- Durchstecheisen Größe 10 und 12
- Rohhauthammer
- Ahle mit 45- oder 51-mm-Ahleisen
- Revolver-Lochzange
- 10-mm-Pinsel
- Korkunterlage
- 6 Leimklemmen
- Kardätschen zum Kämmen der Wolle (optional)
- Lithostein (optional)

1. Fertigen Sie abhängig von der Bundweite die Schablonen für das Gürtelvorder- und -unterteil an, indem Sie 175 mm zu der gewünschten Bundweite addieren (Abb. 142). Reißen Sie rund um die beiden Schablonen herum auf dem Leder an. Das Vorderteil sollte auf der besten Fläche des Leders liegen, und auch das Unterteil, das Futter, sollte aus diesem Teil des Leders bestehen. Es muß kein perfektes Leder sein, sollte aber doch fest sein.
2. Klappen Sie die Schablone für das Unterteil auf, und benutzen Sie diese als Faltschablone. Legen Sie sie auf die Fleischseite des Gürtelvorderteils, und markieren Sie mit einem spitzen Bleistift rundherum die Buglinie. Schärfen Sie von dieser Linie bis zur Kante steilwinklig (siehe Kapitel 8). Der Umschlag der Gürtelspitze muß dünn geschärft werden, damit er sich beim Anbringen des Unterteils zusammenlegen und flachdrücken läßt.
3. Leimen Sie den Umschlag mit Hilfe der Faltschablone sorgfältig fest, so daß eine saubere Kante entsteht (siehe Kapitel 9). Legen Sie das Leder an der Gürtelspitze mit der Spitze des Falzbeins in kleine Falten.
4. Markieren Sie mit einem Durchstecheisen Größe 10 den Nahtverlauf rund um die Gürtelkante in einem Abstand von 2,5 mm zur Lederkante, und sparen Sie an jedem Ende der Gürtelschnalle 45 mm aus.
5. Übertragen Sie das Quiltmuster auf ein Stück Transparentpapier, und fixieren Sie es auf der Werkbank mit Kreppband. Schieben Sie das Leder unter das Papier. Zeichnen Sie das Muster mit einer stumpfen Nadel nach, so daß auf dem Leder ein Abdruck entsteht. Nehmen Sie das Papier ab.
6. Markieren Sie die Stiche des Musters mit einem Durchstecheisen Größe 12. Markieren Sie auf jeden Fall dort einen Stich, wo zwei Linien aufeinandertreffen oder einander kreuzen, und

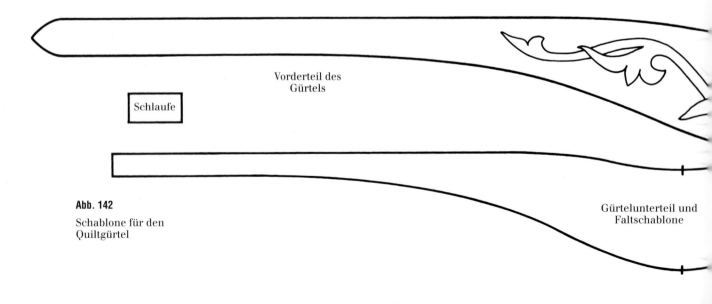

Abb. 142
Schablone für den Quiltgürtel

Projekte für Fortgeschrittene

neigen Sie das Werkzeug an Kurven zur Seite, so daß Sie dort nur mit zwei oder drei Zähnen arbeiten (Abb. 143).

7. Bestreichen Sie den Gürtel überall mit PVA-Leim, nicht jedoch dort, wo sich das Quiltmuster befindet. Bringen Sie dort nur an der oberen Kante 5 mm breit Leim auf. Leimen Sie das Unterteil an.

8. Stechen Sie die Quiltstiche durch die beiden Lederlagen auf der Korkunterlage vor. Halten Sie die Ahle dabei senkrecht. Das erfordert viel Zeit, stechen Sie so akkurat wie möglich.

9. Kardieren Sie die ungesponnene Wolle mit einer Kardätsche oder mit den Fingern, und entfernen Sie Klümpchen und feste Teilchen. Vielleicht haben Sie in Ihrer Nähe jemanden, der Wolle spinnt. Sobald Sie drei oder vier Lagen kardiert haben, legen Sie diese zwischen die Gürtelteile. In der Mitte benötigt man wesentlich mehr Material, zu den Seiten hin läßt man es auslaufen. Sie werden überrascht sein, wie sehr sich die Wolle zusammendrücken läßt. Bereiten Sie also genügend Wolle vor (Abb. 144). Wenn Sie rechts und links

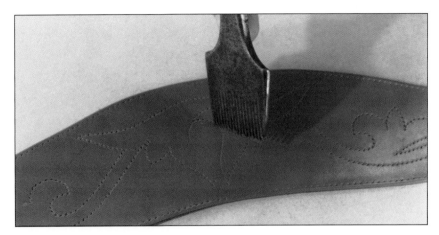

Abb. 143 An engen Kurven wird das Durchstecheisen geneigt

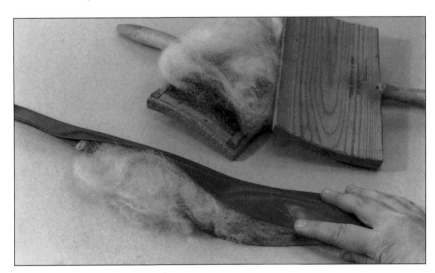

Abb. 144 Legen Sie die kardierte Wolle ein

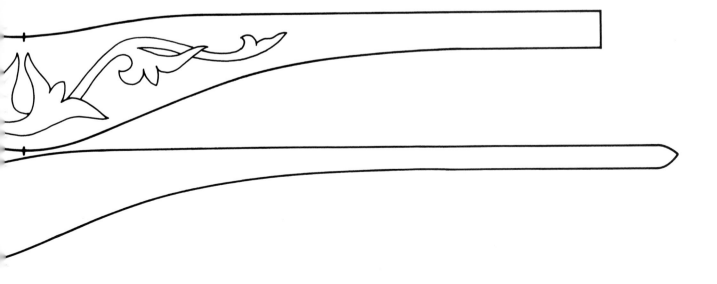

der Mitte gleich viel Wolle verteilt haben, bestreichen Sie die unteren Kanten 5 mm breit mit Leim und drücken sie mit Leimklemmen fest, bis der Leim trocken ist.

10. Stechen Sie den Nahtverlauf rund um den Gürtel auf der Korkunterlage vor, jedoch nicht dort, wo die Schnalle angebracht wird. Nähen Sie die Gürtelkanten zusammen, doch lassen Sie 200 mm in der unteren Mitte offen, falls noch Wolle nachgefüllt werden muß.

11. Sie müssen etliche kurze Seidenzwirnfäden vorbereiten, doch zunächst reichen sechs Stück. Nähen Sie wie üblich, und ziehen Sie die Stiche mit Gefühl stramm. Beginnen Sie stets dort zu nähen, wo zwei Linien aufeinandertreffen, und hören Sie dort auch zu nähen auf. Schneiden Sie die Fadenenden auf der Rückseite mit einem sehr scharfen Messer oder einer kleinen Schere ab. Da sich zwischen den beiden Lederschichten nun die Wolle befindet, müssen die Löcher in den Teilen sehr sorgfältig in die Flucht gebracht werden. Sollte der gequiltete Bereich zu flach erscheinen, so lösen Sie die verleimte Kante unten vorsichtig und fügen Wolle hinzu, ohne das bereits eingelegte Material zu verändern.

12. Die Schnalle kann nach Wunsch mit passendem Leder überzogen und genäht werden (siehe Kapitel 13).

13. Schärfen Sie die Schlaufe, damit die Seiten genau auf die hintere Mitte gefaltet werden können. Markieren und nähen Sie eine Stichreihe an jeder Kante.

14. Bringen Sie die Schnalle an (Abb. 145), und stanzen Sie die Löcher in den Gürtel.

20 Quiltgürtel aus Kalbsleder mit lederüberzogener Schnalle

Abb. 145 Die lederüberzogene Schnalle und die angenähte Schlaufe

Projekte für Fortgeschrittene 109

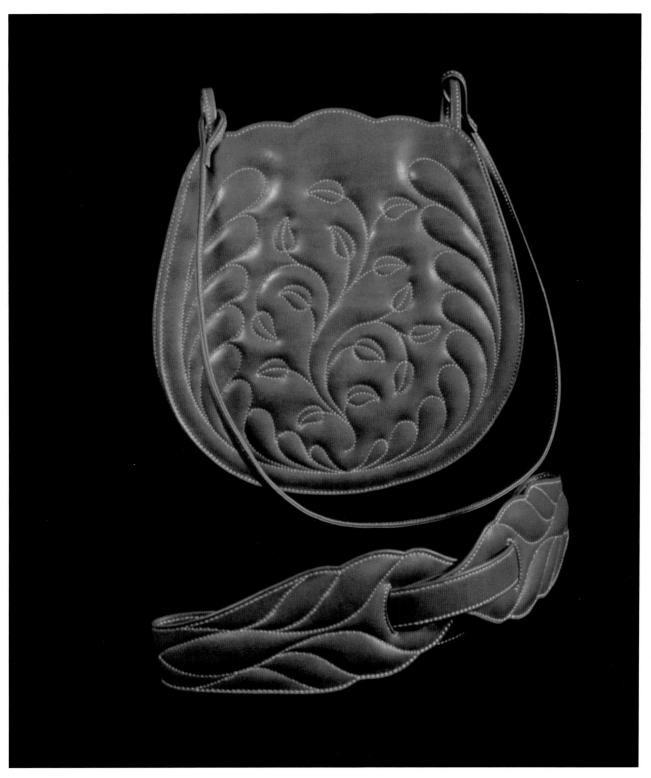

21 Quiltgürtel und Quilttasche

Große Schultertasche

(Siehe Farbfoto 22, Seite 112)

1. Stellen Sie nach der Zeichnung Schablonen aus Karton her (Abb. 146).
2. Schneiden Sie aus dem Kalbs- oder Ziegenleder den Taschenkorpus, die Seitenteile, die Innentasche und die Verstärkung zu. Schneiden Sie den Überschlag, den Schulterriemen, die Riemenenden, die Lasche, die Schnallenhalterung, die D-Ring-Schlaufen und den Riegel sowie die Schlaufen für

Material
- 1–1,5 mm starkes Kalbs- oder Ziegenleder
- 2 mm starkes Rindleder
- Rohleinen
- 2 25-mm-Messingschnallen
- 2 25-mm-D-Ringe aus Messing
- Leinenzwirn 18/3
- PVA-Leim
- Lederleim für die Kanten mit Applikator
- Segeltuch zum Polieren der Kanten

Werkzeug
- Messer
- Streichriemen
- Schärfmesser
- Schärfmaschine (optional)
- Ahle mit 57-mm-Ahleisen
- Sattlernadeln Stärke 5
- Korkunterlage
- Nähkluppe
- Falzbein
- Stahllineal
- Einfaches Reifeleisen
- Spirituslampe
- Durchstecheisen Größe 7
- Rohhauthammer
- Leimklemmen
- 10-mm-Pinsel
- Lochzange

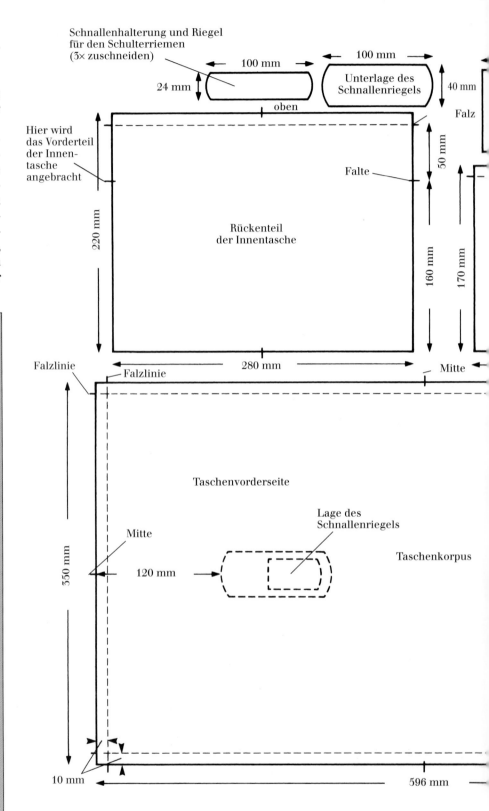

Abb. 146 Schablonen für die große Schultertasche

Projekte für Fortgeschrittene

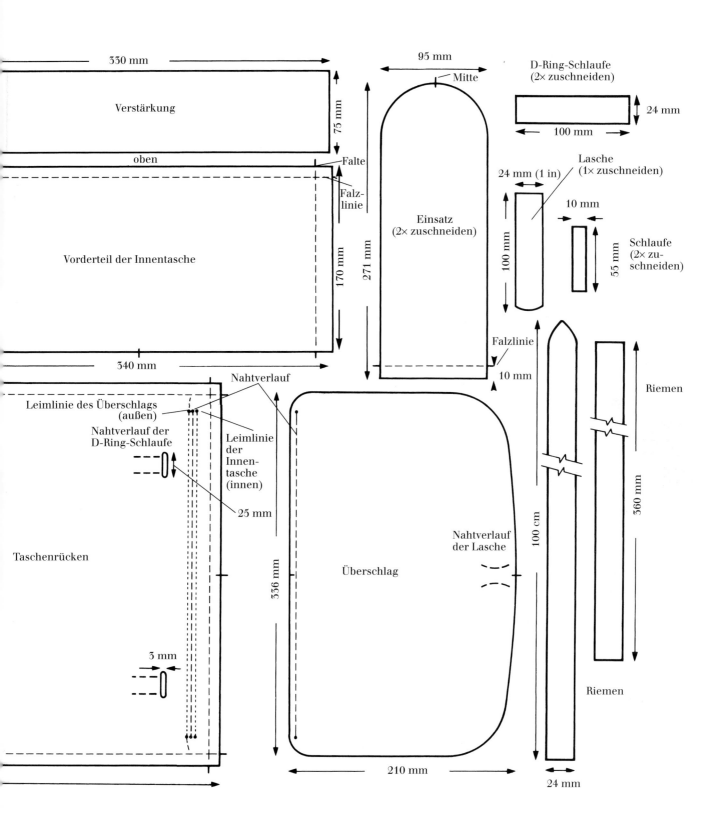

Projekte für Fortgeschrittene

22 Die große Schultertasche

Projekte für Fortgeschrittene

die Schnalle aus dem Rindleder zu. Das Futter wird aus Leinen zugeschnitten.

3. Schärfen Sie die Zugaben für den Umschlag an den Enden des Taschenkorpus, damit sie zu Bugkanten umgebogen werden können. Schärfen Sie die Zugaben für die gesteppte Bugkante an den Taschenseiten um etwa ein Drittel ihrer Stärke.
4. Leimen Sie den Verstärkungsstreifen auf der Fleischseite des Taschenrückens fest.
5. Schneiden Sie die Schlitze für den Schulterriemen, und markieren Sie die kurzen Nahtverläufe, mit denen die D-Ring-Schlaufen befestigt werden.
6. Bereiten Sie die Seitenteile vor, indem Sie die Zugaben für die Bugkante an den oberen Kanten schärfen und umleimen. Feuchten Sie die U-förmigen Kanten auf der Fleischseite an. Stellen Sie aus starkem Karton eine Form her, und formen Sie die Seitenteile mit dem Falzbein (siehe Kapitel 11).
7. Bereiten Sie die Innentasche vor. Schärfen Sie die Zugaben für die Bugkante an der oberen Kante des Vorderteils und des Rückens der Innentasche, und leimen Sie sie dann fest. Schärfen Sie den gefalteten Bereich an jeder Seite des Vorderteils an der unteren Kante. Erzeugen Sie die Falten mit Falzbein und Stahllineal. Leimen und nähen Sie die Taschenseiten zusammen. Leimen und nähen Sie nun die untere Kante zusammen, und legen Sie sorgfältig die Seitenfalten. Polieren Sie die Schnittkanten (Abb. 147).
8. Bereiten Sie den Überschlag vor. Ziehen Sie die Kanten ab, und polieren Sie diese. Markieren Sie den Nahtverlauf auf dem Taschenrücken, und reifeln Sie die restlichen Kanten. Ziehen Sie die Kanten der Lasche ab, polieren und reifeln Sie sie. Markieren Sie die Stiche, mit denen sie am Überschlag befestigt wird, und leimen Sie diese dann fest. Stechen Sie die Löcher auf der Korkunterlage vor, und nähen Sie sie anschließend fest. Stanzen Sie mit der Lochzange in der Mitte ein Loch.
9. Verdünnen Sie den Schnallenriemen auf etwa 1,5 mm, und

Abb. 147 Seitenansicht der angenähten Innentasche mit Falte

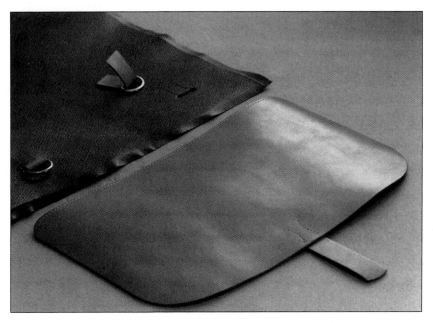

Abb. 148 Die D-Ring-Schlaufen werden durch die Schlitze geschoben und festgeleimt. Auf den Überschlag wurde die Lasche geleimt. Die Befestigungsstiche sind auf der Rückseite des Überschlags markiert, und die Lasche kann festgenäht werden.

schneiden Sie einen Schlitz für den Schnallendorn. Falten Sie ihn in der Mitte, legen Sie die Schnalle ein, und leimen Sie ihn zusammen. Ziehen Sie dann die Kanten ab, und polieren Sie diese. Markieren Sie den Nahtverlauf 3 mm neben der Kante. Ziehen Sie die Kanten der Unterlage des Schnallenriegels ab, polieren Sie sie, und markieren Sie den Nahtverlauf an der Kante. Leimen und nähen Sie den Schnallenriemen an die Unterlage. Leimen und nähen Sie die Unterlage auf die Taschenvorderseite. Das ist leichter, wenn die Löcher vor dem Nähen auf der Korkunterlage vorgestochen wurden.

10. Bereiten Sie die D-Ring-Schlaufen vor. Verdünnen Sie die Schlaufen gerade so viel, daß sie sich mit den eingelegten D-Ringen leicht in der Mitte falten lassen. Schieben Sie sie durch die Schlitze und leimen Sie sie auf der Tascheninnenseite fest. Stechen Sie die Stichlöcher vor, und nähen Sie diese dann an (Abb. 148).

11. Leimen Sie eine Seite des Leinenfutters am Falz an ein Taschenende. Leimen Sie darauf die Zugabe für den Umschlag und nähen Sie ihn 3 mm neben der Kante fest. Verfahren Sie auf der anderen Seite ebenso (Abb. 149).

12. Leimen Sie den Überschlag an die Tasche, und stechen Sie die Löcher vor. Legen Sie die Innentasche innen auf, und leimen Sie diese an, damit sie mit der gleichen Naht festgenäht wird. Stechen Sie die Löcher nochmals vor, jedoch nur an der Oberkante der Innentasche. Nähen Sie nun die drei Lagen zusammen (Abb. 150).

13. Bereiten Sie den Schulterriemen vor. Ziehen Sie die Kanten

Abb. 149 Die Zugabe für den Umschlag wird auf der Taschenvorderseite um das Leinenfutter geleimt

Abb. 150 Blick in das Tascheninnere. Zu sehen ist der Verlauf der Naht, welche die Innentasche und den Überschlag an der Tasche befestigt

Projekte für Fortgeschrittene

der Riemenenden, des zweiteiligen Riemens und der Schlaufe ab, und polieren Sie diese. Markieren Sie auf jedem Riemenende auf einer Seite den Nahtverlauf. Bringen Sie die Schnalle an, indem Sie einen Schlitz für den Dorn schneiden und sie wie eine Gürtelschnalle festnähen (siehe Kapitel 16). Leimen Sie die Riemenenden auf einer Seite des Riemens fest, und stechen Sie die Löcher vor. Ziehen Sie die Riemenenden durch die D-Ringe, leimen und nähen Sie sie fest (Abb. 151).

14. Nehmen Sie einen Papprührenabschnitt, dessen Durchmesser groß genug ist, um beim Anleimen des Futters im Taschenkorpus als Stütze dienen zu können. Tragen Sie einen schmalen Streifen Leim an der Innenseite des Falzes der Bugkante auf jeder Seite auf, und bringen Sie das Futter nur an den Außenkanten an.

15. Die Seitenteile können nun eins nach dem anderen in zwei Arbeitsgängen verleimt werden. Wenn der PVA-Leim, der das Futter hält, trocken ist, bestreichen Sie den geformten Rand des Seitenteils mit Leim. Leimen Sie den Einsatz von der Mitte aus an, folgen Sie der Falzlinie und halten die Seitenteilkante bündig mit der Futterkante. Wenn er trocken ist, leimen Sie die Bugkante auf das Seitenteil und verdecken die offenen Kanten. Legen Sie das Leder beim Einfassen der U-Form mit der Spitze des Falzbeins in kleine Falten (Abb. 152). Klemmen Sie die Bugkante mit Leimklemmen fest, bis der Leim trocken ist.

16. Markieren Sie sorgfältig den Nahtverlauf 3 mm neben der Kante. Die Stiche können vor dem Nähen durchgestochen

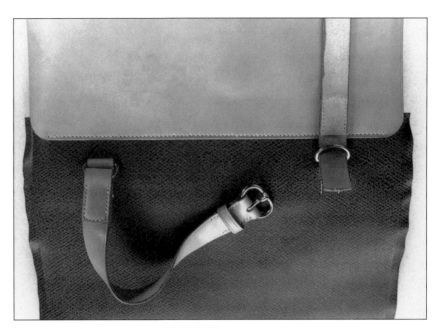

Abb. 151 Die Riemenenden werden an den D-Ringen befestigt

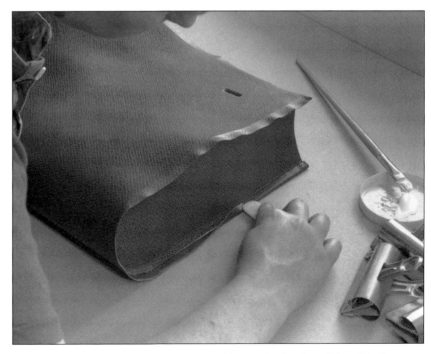

Abb. 152 Das U-förmige Seitenteil wird am Falz an die Tasche geleimt. Die Bugkante wird vor dem Nähen auf dem Einsatz verleimt

werden. Stechen sie die Stiche jedoch nach und nach vor, können Sie diese dort, wo die Ahlenspitze auf der Rückseite herauskommt, noch genauer justieren, insbesondere wenn Sie mit dem Stechzirkel eine Hilfslinie markiert haben.

Glossar

Die meisten der folgenden Begriffe und Beschreibungen beziehen sich auf Vegetabilleder, wie es in diesem Buch verwendet wird.

Abziehen Entfernen dünner Späne von den Lederkanten vor dem Polieren (s. Abb.)

Anschleifen Andere Bezeichnung für Schleifen (s. Abb.)

Ausheben Andere Bezeichnung für Hohlkehlen schneiden (s. Abb.)

Bauch oder Flanke Dünnste Fläche der Haut von der Unterseite des Tieres

Bügel herstellen Leder um eine Innenkerneinlage legen und zusammennähen, so daß ein runder Riemen oder Griff entsteht.

Bugkanten Das Umbiegen einer Lederkante, statt sie offen zu belassen.

Doppelcroupon Bester Teil einer Haut nach Entfernung von Bauch, Flanken (s. Abb.) und Hals

Doppelhecht Hauptteil einer Haut nach Entfernung der beiden Bauch- bzw. Flankenteile (s. Abb.)

Einfassung Lederstreifen, der als Schutz um nicht umgebugte, offene Kanten gelegt wird

Fahlleder Vegetabil gegerbte Haut, die naturell belassen wurde, so daß sie verziert werden kann

Fell Leder eines Kleintieres (Kalb, Schwein, Ziege usw.); vgl. Haut

Fleischseite Faserige Unterseite des Leders

Formen Das plastische Ausformen nassen Leders mit oder ohne Zuhilfenahme einer Form zur Erzeugung dreidimensionaler Formen oder Reliefs

Hälfte Eine halbe Haut (s. Abb.)

Haut Die gesamte Haut eines Großviehs (Kuh, Ochse, Pferd usw.)

Hohlkehlen schneiden Ausheben einer schmalen V- oder U-förmigen Nut auf der Ober- oder Unterseite eines Lederstücks mit dem Lederausheber, damit das Leder leichter umgebogen werden kann.

Kofferleder Festes Leder für Täschner und Hersteller von Reiseartikeln

Lederartikel mit Schnittkanten Lederwaren mit offen belassenen (nicht umgebugten) Kanten, die beim Zurichten hochglanzpoliert werden (s. Abb.)

Modellieren Eine Art des Oberflächendekors, bei dem ein Muster ohne Erzeugung von Schnitten als Flachrelief eingeprägt wird

Polieren Polieren der Lederschnittkanten mit Gummilösung bzw. Polieren der Lederoberfläche mit einem glatten Stück Buchsbaumholz

Prägen Andere Bezeichnung für Stempeln (s. Abb.)

Pressen Bezeichnung für eine flächendeckende Struktur bzw. ein Muster, die/das in die Lederoberfläche eingeprägt wurde. Steht auch für das reliefartige Herausarbeiten von Dekoren durch Ausüben von Druck von der Fleischseite her (s. Abb.)

Quilten Zierstiche zum Fixieren von Wattierungen (wie z. B. Schafwolle)

Reifeln Einprägen einer dünnen Zierlinie mit einem erhitzten Werkzeug in die Narbenoberfläche, in der Regel dicht an der Lederaußenkante

Ritzen Das Schneiden eines Musters in die Oberfläche von feuchtem Leder; bekannter ist der weniger korrekte Begriff Schnitzen (s. Abb.)

Schärfen Verdünnen der Stärke von Fell (dünnerem Leder) von der Fleischseite

Schleifen Mittels Schleifpapier wird die Oberfläche des Narben eines Lederstücks entfernt, zur Korrektur von Narben und Oberflächenrissen; auch Anschleifen genannt

Schnitzen (Irreführende) Bezeichnung für das Schneiden eines Dekors in der Oberfläche von feuchtem Leder, in der Regel Muster, die anschließend modelliert und geprägt werden können (s. Abb.)

Spalten Großflächiges Verringern der Stärke eines Lederstücks; Aufspalten in Narbenleder und Spalt

Stempeln Durch Einprägen mit Punzstempeln auf der Oberfläche naturellen Leders erzeugtes Dekor (s. Abb.); auch Prägen genannt

Vegetabil gegerbt Leder, welches mit Gerbstoffen wie Baumrinde, Blättern und anderen pflanzliche Stoffen gegerbt wurde.

Verdünnen Kleinflächiges Verringern der Lederstärke von der Fleischseite

Vollnarben Die ursprüngliche ungeschliffene Lederoberfläche (s. Abb.)

Lieferanten

Lederwarenhandlungen

Eifel-Leder Christian Schäfer,
 Geierstr. 2, 53881 Euskirchen-Flamersheim
 www.eifel-leder.de, eifel-leder@t-online.de
Dago Engler
 Bergmannstr. 90, 10961 Berlin,
 www.fauck.de info@fauck.de
Fauck OHG
 Wilhelmsaue 36, 10713 Berlin
J.&W. Börnecke,
 Urbanstr. 100, 10967 Berlin
 www.boernecke-leder.de,
 boernecke.leder@t-online.de
N. Kirchhöfer GmbH
 Goethestr. 33, 66954 Pirmasens
The Bear Gallery GmbH,
 Rosenheimer Str. 92 a,
 81669 München
 Tel.: 0 89 / 44 71 83 33
TWL Thüringer Lederfabrik Weida,
 Schloßmühlenweg 3, 07570 Weida
 www.tlw-leder.de, info@tlw-leder.de
Ökogerberei,
 Strothestr. 50, 49356 Diepholz

Leder+Werkzeug

AGP,
 Ohlhauerstr. 5/11, 10999 Berlin,
 www.agb-berlin.de, info@agb-berlin.de
WEMA GmbH,
 Fritz-Weidner-Str. 2, 90451 Nürnberg-Eibach,
 leder-hobby@t-online.de
W.R. Lang Großhandel für Orthopädie + Schubedarf,
 Hafenstr. 83, 56564 Neuwied,
 service@r-w-lang.de
Leder-Hobby,
 Seestr. 3103, 13353 Berlin,
 www.tandyleather.com, leder-hobby@t-online.de
Heiko Kappey Sattlereibedarf und Lederhandel,
 Achardstr.10, 31319 Sehnde bei Hannover
 Tel.: 0 51 38 / 70 99 91, Fax.: 0 51 38 / 70 99 93
 www.kappey.de, info@kappey.de
Dick GmbH, Feine Werkzeuge
 Donaustr. 51, 94526 Metten
 Tel.: 09 91 / 91 09 71
 www.dick.biz

Adressen · Literatur

Großbritannien

Association of Designer Leatherworkers, c/o 37 Silver Street, Tetbury, Gloucestershire

British Leather Confederation, The Leather Technology Centre, Leather Trades House, Moulton Park, Northampton (Tel. 00441604/494131)

Crafts Council, 44a Pentonville Road, Islington, London N1 9HF (Tel. 0044171/2787700)

Leather Conservation Centre, 34 Guildhall Road, Northampton NN1 1EW (Tel. 00441604/232723)

Rural Development Commission, 141 Castle Street, Salisbury, Wiltshire (Tel. 00441722/6255)

Society of Designer Bookbinders, 6 Queen Square, London WC1N 3AR

Society of Designer Craftsmen, 24 Rivington Street, London EC2 (Tel. 0044171/7393663)

Welsh Arts Council, Craft and Design Department, Museum Place, Cardiff

Irland

Crafts Council of Ireland, Powers Court, Town House Centre, South William Street, Dublin 2 (Tel. 00353/16797368)

Europa

Bundesverband Kunsthandwerk, Windmühlstr. 3, 60329 Frankfurt/M. (Tel. 069/740231) www.bundesverband-kunsthandwerk.de

Promotions des Exportations de la Tannerie Française, 122 Rue de Provence, Paris, Frankreich

Unione Nazionale Industria Conciara, Via Brisa 3, 21023 Milano, Italien

USA und Kanada

American Crafts Council, 72 Spring Street, New York, NY 10012, USA (Tel. 001/2122740630)

Canadian Crafts Council, 189 Laurier Avenue East, Ottawa, Ontario, Canada K1 N6P1

Canadian Society of Creative Leathercraft, 1357 Baldwin Street, Burlington, Ontario

Honourable Cordwainers Company, 5 Foxcroft Road, Williamsburg, Virginia 23188

International Federation of Leather Guilds, PO Box 102, Arcadia, Indiana 46030

The Luggage, Leathergoods, Handbags and Accessories Association of Canada, Postal Station A, PO Box 144, Toronto, Ontario, Canada M9C 4V2 (Tel. 001519/6249085)

Ontario Crafts Council, 35 McCaul Street, Toronto, Ontario M5T 1VT

Rawhide & Leather Braiders Association, 2842 North US 441 Belle Glade, Florida 33430

Australien und Neuseeland

Association of New Zealand Leatherworkers, 44 Clifton Road, Takapuna, Auckland 9

Australian Plaiters & Whipmakers Association, PO Box 274, Kurando, Queensland 4872

Crafts Council of Australia, 100 George Street, The Rocks, Sydney, New South Wales (Tel. 00612/2411701)

Crafts Council of New Zealand, First Floor, James Cook Arcade, Lampton Quay, Wellington (Tel. 00644/727018)

Leathercrafters Association of Queensland, 2 Rutherford Street, Stafford, Queensland 4053

Leatherworkers Guild of New South Wales, 3 Bimbadean Street, Epping, New South Wales 2121

Leatherworkers Guild of South Australia, PO Box 370, Campbelltown 5074, South Australia

---

Hegenauer, Hans: *Fachkunde für lederverarbeitende Berufe,* Essen 2001, Verlag Ernst Heyer

Riedelsheimer, Doris: *Die Herstellung von Ledermasken,* Moers 1995, Edition Aragon

Vass, Lazlo; Molnar, Magda: *Herrenschuhe handgearbeitet,* Bonn 1999, Könemann, Verlagsgesellschaft Bonn

O'Keefe, Linda: *Schuhe – eine Hommage an Sandalen, Slipper, Stöckelschuhe,* Bonn 1997, Könemann Verlagsgesellschaft Bonn

Ellinghaus, Christine; Bieker, Sylvia: *Kleine Philosophie der Passionen, Schuhe,* München 1999, dtv

Eismann, Kathryn: *Schuhe lügen nicht,* München 2003, Kabel

Steele, Valerie; Borreli, Laird: *Kleine Kulturgeschichte der Handtasche,* Köln 1999, Dumont monte Verlag

Wilcox, Claire: *Handtaschen,* München 1999, Verlag Bassermann

Museen

Museen Leder

Belgien
Musée de l'Ancienne Abbaye, 4970 Stavelot, Belgien

Deutschland
Deutsches Ledermuseum mit Deutschem Schuhmuseum, Frankfurter Str. 86, 63067 Offenbach, www.ledermuseum.de
Leder- und Gerbermuseum, Düsseldorfer Str. 269, 45481 Mülheim an der Ruhr, www.leder-und-gerbermuseum.de
Weißgerbermuseum Potsdamer Str. 18, 03253 Doberlug-Kirchhain

Großbritannien
Leather Centre Museum, 56-57 Wisemor, Walsall WS2 8EQ
Museum of Leathercraft, 60 Bridge St, Northhampton NN1 1PA

Kanada
Bata Shoe Museum Toronto, www.batashoemuseum.ca

Niederlande
Netherlands Leder en Schoenen Museum, Elzenweg 25, 5144 MB Waalwijk, www.schoenenmuseum.nl

Polen
Muzeum Cechu Rzemiost Skórzanych im. Jana Kilinskiego, u. Waski Dunaj 10, 00-256 Warszawa

Spanien
Museo de la Piel, Igualada, Carretera de Manresa 65, Barcelona, größtes Ledermuseum Spaniens
Palacio de Viana, Plaza Don Gome, Córdoba Lederwandbehänge und -möbel
Posada del Potro, Plaza del Potro, Córdoba Restaurierte arabische Herberge mit einer Sammlung cordobesischer Lederarbeiten und -wandbehänge aus dem 15. Jahrhundert

Museen Schuhe

Belgien
Nationaal Schoeiselmuseum, Wijngaardstraat 9, 8870 Izegem

Deutschland
addidas-Sportschuh-Museum, Adi-Dassler-Str. 1–2, 91074 Herzogenrath
Deutsches Ledermuseum mit Deutschem Schuhmuseum, Frankfurter Str. 86, 63067 Offenbach, www.ledermuseum.de
Heimatmuseum Buchenberg, Eschacher Str. 35b, 87474 Buchenberg
Pirmasenser Schuhmuseum und Bürkel-Galerie, Scherenschnittkabinett und Heimatmuseum, Hauptstraße 26, 66953 Pirmasens
Schuhmuseum Garant Schuh AG, Kappeler Str. 144, 40599 Düsseldorf

England
Shoe Museum, c/o C. J. Clark Ltd., Street BA16 OYA

Frankreich
Musée de la chaussure et d'Ethnographie Regionale, 2 Rue Sainte Marie, BP12, 26100 Romans-sur-Isére

Italien
Museo della Calzatura, Corso Cavour 82, 27029 Vigevano, Pavia, einziges Schuhmuseum Italiens, nur sonntags geöffnet

Österreich
Stiefelmachermuseum, Hauptplatz 10, 7471 Rechnitz

Schweden
Skoindustrimuseet, Seavägen 19, Kumla

Schweiz
Bally Schuhmuseum, Haus zum Felsgarten, Gösgerstr. 15, 5012 Schönwert

Tschechische Republik
Obuvnické muzeum, POB 175, 762 57 Zlín

Stichwortverzeichnis

Abdeckung aus Leder 63, 67
Abziehen
   Griffe 71
   Kanten 15, 20, 34, 35
   Oberkante eines Einsatzes 59
   Schulterriemen 68–69
Abziehstein 19, 118, 199
Acrylfarbstoffe und -farben 31–32, 84
Ahle 14–15
   Ahleisen einsetzen 20, 21
   Anreißahle 15, 29, 63
   Griffe zusammennähen 71
   Hefte 15
   Nähen mit der 46–50, 53, 65
Aktentasche
   flacher Griff für die 71
   Projekt kleine Aktentasche 92–95
   Schloß für die 26
Aktentaschenschloß 26
Anreißahle 15, 29, 63
Anreißer 26
Attachékoffer 52

Backofen 73
Bienenwachs 23, 46, 47
Bindemittel 23
Blechschere 62
   mit Flachrücken 26, 62
Bleiklotz 62
Brieftasche 86–89
Brieftaschen
   Bugkante 41
   Projekt 86–89
   Verleimen 44
British Museum-Lederfinish 24
Buchbinderhammer 16
Bügel 70–71, 69
Bügelsägeblatt 17, 26
Bugkante 37, 41
   Innentaschen 60
   oder umgeschlagene Einfassung 34, 37
   Schärfen 40
   Umgeschlagene Einfassung für Einsätze 59
   Verleimen 44, 45
Butterbrotpapier 45

Chromgerbung 10–11, 60

Doppelcroupon 12, 29, 30, 68
Doppelhecht 12, 30, 68
drehbarer Stoßbeitel 75
Drehverschlüsse 26
Dreiteilige Einsätze 60
Dreiteilige Formen 73–74
Dreiteiliger Einsatz mit Schnittkante 58–59
D-Ringe 26
   Einsätze und 58
   flache Griffe 71
   Knopfnieten und 66
   Riemen 68–69
   Schärfen zum Anbringen von 40
   Schlaufen 40, 66, 69–70
   Schnallen 64
Druckknöpfe (Verschlüsse) 26, 66, 81–82
Druckverschlüsse 26, 66
Durchstecheisen 18, 46 47, 53–55, 59, 70

Eimer 54
Einen Stich doppelt nähen 55, 99, 98
Einfacher Lederausheber 43
Einfaches Reifeleisen 36
Einfaßkante 34, 37–8, 42, 45
Einfassungen schärfen 40
Einritzen von Zierlinien 75
Einsätze 42–43, 57–59
   anleimen 44
   dreiteilige 57, 58–59, 94
   Innentaschen mit Einsätzen 60
   mit Falte 60
   mit Schrägsteppstich genähte 96–99
   U-förmige 57, 59, 112–114
Einteilige Form 74–75
Einteiliger Einsatz mit Schnittkante 58
Entwerfen 28–30, 68
Entwurf der Schultertasche 28–29

Fahlleder (vorgefärbt) 12, 73
Faltschablone für Einsätze 59

Falzbein
   Buchbinder- 15
   Einsätze 58, 59
   Innentaschen 60
   Nähen von Hand 46
Färben 31–33, 35
Färbeplatz 32
Feilen 26
   Rattenschwänzchen 62
Feilkloben 26
Felle
   Bugkante 41
   Eigenschaften und Arten 13
   Riemen 70
   Schärfen 40
   Zuschnitt 30
Fett 32
Finishs 23–24, 31–32
Flache Griffe 71
   Innentaschen 60–61
flacher Griff für 71
Flankenbereich 12, 29, 73
Form
   für Schnallen 65
   für die Geldbörse 74
   für die runde Box 54
   für die Schultertasche 100
Formen 72–75
   dreiteilige 73–74
   einteilige 74–75
   Geformte Tasche 76
   Lederstärke 12
   Masken 29, 84
   Schultertasche 102–104
   um Schnallen
Freihändiges Formen 73

Geformte Geldbörse 72
Geformte Schultertasche 100–105
Geldbörse 52
   Bugkante 41
   dreiteilige Form 73–74
   Projekt 80, 81–82
Gerben 10–12
Geschirrmacher 43
Geschliffene Oberfläche 12, 31
Glanzpolierte Oberfläche 32

Glättholz 15
Graupappe 24
Griffe 70–71
   flache 71
   kleine Aktentasche 94
   runde 70–71
   Schärfen 40
Gummi 24
Gummibänder 54
Gummilösung 24, 44, 53, 55
Gürtel
   Annähen der Gürtelschlaufe 79
   gefütterter Kalbsledergürtel 44
   Leder für 30
   Lederstärke 12
   Projekt Ledergürtel 78–80
   Projekt Quiltgürtel 106–109
   Schärfen 40
   Schnallen 64–65
   Verleimen 44

Halbe Schnallen 64
Hälfte einer Haut 12, 30
Hals
   einer Haut 12, 68
   für Gürtel oder Riemen 30, 68
   Narben 29
Haltebügel für Riemen 69
Hammer 16
   Buchbinder- 16
   Holz- 16
   Metall- 26, 62
   Rohhaut- 16, 46, 75
   Schuster- 16
   Leder- oder Holz- 67
Haut 29–30
   Gürtel 30, 64
   Gürtel und Riemen 40, 68
   Lederhammer 67
   Projekt Gürtel 78–80
   Rohhauthammer 16, 46, 75
Helme 54, 72
herabhängende Innentaschen 60–61
Hinterstich 55–56
Hohlkehlen
   für die quadratische Schachtel 53
   für Einsätze 59
   schneiden 43
Holzformen 73–75
Holzhammer 16, 67
Holzstab 70

Innenfutter
   aus Stoff 45
   für Einsätze 59
   Für Riemen 70
   Leinen- 113
   Lieferanten 117
   Magnetverschlüsse und Leder 67
   Verleimen 44, 45
Innenkerndurchmesser 70
Innentasche mit Seitenfalte 61
Innentaschen 60–61
   Brieftasche 88
   flache und herabhängende 60–61, 94, 113
   für die Aktentasche 94
   für die geformte Tasche 105
   für die große Schultertasche 112–113
   mit Falte 112
   mit gefaltetem Einsatz 60
   Oberkanten 41
   Verleimen 44

Japanischer Wasserstein 19

Kalb
   Geldbörsen 81
   Innentaschen 60
   Kedernaht 39
   Riemen 70
   Rolleinfassung 38
Kante einfassen siehe Einfaßkante, siehe gesteppte Bugkante
Kantengestaltung 34–39
   Abziehen 34, 35
   Arten 34
   Bugkante 41
   Färben 35
   Polieren 34–36
   Reifeln 36
   Riemen 69–70
   Schnittkante 34
Kantenzieher 15, 34, 35
   Schärfen 20
Kapplocheisen 17, 105
Kedernähte 39
Klauenöl 31
Knopfnieten 26, 66, 91, 98
Koffer
   Einsätze 58
   flache Tasche für 60
   Griffe für 70–71
   Hohlkehlen schneiden 43
   Knopfnieten 66
   Lederstärke 12
   Riemen für 68–70
   Schlösser für 62–63
   Schrägsteppstich 52
   siehe auch Attachékoffer und Aktentasche
Kombinationsölstein 19, 26
Kontaktkleber 44
Kopierrädchen 19, 47, 65
Korkunterlage 54, 59, 70
Kragenschachteln 54
Kuhhaut 12–13, siehe auch Haut

Lack 31
Lasche 64, 68, 105
Lasting eines Schuhs 74
Leder
   Beschaffenheit und Aufbau 10
   Futter 45
   Leimklemmen 44, 65
   Lieferanten 117
   sättigen 23, 32
   Schnallen 64–65, 108
   spalten, für Einsätze 58
   Umrechnungstabelle für Lederstärken 12
   Zurichten 32–33
Lederausheber (Nutwerkzeug) 19, 43, 53
Lederfarben 23
   auf Spiritusbasis 23, 31–32
   auf Wasserbasis 23, 31–32
   Lieferanten 117
Lederleime 23–24, 44, 117
Lederseife 24, 31
Lederzurichter 31, 32
Leime 23
Leimklemmen 15
   mit Leder belegte 44, 65
Leinenzwirn 22, ,46, 65
Lieferanten 117—119
Lineal 19, 43, 58, 68
Lithostein 34, 40, 41
Locheisen 19
   Nietkopfsetzer 26, 62
Lohfarbenes Leder, Aktentasche 95

Magnetverschlüsse 26, 67, 87, 88
Marmor 40, 75–76

Masken 29, 83
   freihändiges Formen 73
   Lederstärke 12
   Prägen 75–76
   Projekt 83–85
Materialien 22–24
   für den Gürtel 78
   für den Quiltgürtel
   für die Brieftasche 87
   für die geformte Schultertasche 100–101
   für die Geldbörse 81
   für die große Schultertasche 110
   für die kleine Aktentasche 92–93
   für die Maske 83
   für die Schrägsteppstichtasche 96
   für die Überschlagtasche 90
Messer 16–17
   Nähen 46
   Schärf- 17, 40, 41
   schärfen 19, 20
   Schuster- 16
   Zuschneide- 17
Metallbeschläge 25–26, 62, 117–119
Metallhammer 26, 62
Metallputzmittel 26
Mittelschwere Projekte 86–95
Modellierer 75–76

Nadeln 17
   Am Faden befestigen 47
   an den Fadenenden befestigen 47
   Sattler- 46
Nähen
   Ahle zum 14–15
   an Ecken 52–54
   einen Stich doppelt 55, 99
   Hinterstich 55–56
   Hohlkehlen für Zierstiche 43
   Nadel am Faden befestigen 47
   Quilten 46
   Sattlerstich 46–51, 53, 70
   Schrägsteppstich 46, 52–54
   Schrägstich 46, 54–55, 70
   Überheben 50–51
   von Hand 14, 46–56
   von Hand 46–56
   Werkzeug und Material 46
Nähfäden 22
   Leinenzwirn 22, 46, 65
   Lieferanten 117
   Nadeln befestigen 47

Seide 22
Nähkluppe 15, 46, 47
Narbenbild eines Halsstücks 29
Nasses Leder formen 72–75
Naßgeformt 74–75
Nieten 25, 26, 62–63
Nietkopfsetzer 26, 62

Oberflächenstrukturen 75
Oberflächenverzierung 75–76
Ölen 32
Ölstein, Kombinations- 19, 26
Oxalsäure 32

Pferdegeschirr 64
Pistolentaschen 72
Pliantene 24, 31, 33,
   siehe auch British Museum-Lederfinish
Polieren 32
   Griffe 71
   Innentaschen 60
   Kanten 34–36
   Kanten von Einsätzen 59
   Kanten von lederüberzogenen Schnallen 65
   Lederoberfläche 32–33
   Schulterriemen 68–69
Polishs 23–24, 31
   Metallputzmittel 26
Prägen 75–76
Presse 18
Projekte 77–114
   Brieftasche 86–89
   für den Anfänger 78–85
   für Fortgeschrittene 96–115
   geformte Schultertasche 100–115
   Geldbörse 81–82
   große Schultertasche 110–115
   Gürtel 78–80
   kleine Aktentasche 92–95
   Maske 83–85
   mittelschwere 86–95
   Quiltgürtel 106–109
   Schrägsteppstichtasche 96–99
   Überschlagtasche 90–92
Punzen 75
Punzstempel 75
PVA-Leim 44, 45, 65

Quilten 46
Quiltgürtel 106–109

Quilttasche 109
Quilttasche aus Kalbsleder 38

Rattenschwänzchen 62
Reifeleisen 15
Reifeln 36
   Einsätze 59
   Riemen 68–69
Reinigen 32
Reißnägel 75
Reißzirkel 43, 58, 59
Reparaturarbeiten und Hinterstich 55
Revolver-Lochzange 19, 67
Riemen 30, 58, 68–70
   Fell 70
   Futter 70
   Knopfnieten für 66
   Schärfen 40
   Schnallen- 64–69
   Schulter- 68–70
   Taschen- 68–70
Riemenschneidmaschine 18, 30, 68
Rindleder 12–13
Ringe 26, siehe auch D-Ringe
Rolleinfassung 38
Runde Box 54–56
Runde Griffe 70–71

Sam Brown-Nieten 67
Sattler 43, 55
Sattlernadeln 17, 46, 47
Sattlerschnallen 25
Sattlerstich 46–51, 53, 70–71
Saubere Lederkante 40–42
Sauglüfter 32
Schachteln
   aus Leder 52
   formen 72
   Lederstärke 12
   quadratische 53–54
   rechtwinklig biegen 43
Schärfen
   Innentaschen 60
   Kantenzieher 20
   Messer 19, 20
   oder Verdünnen 40–42, 64, 68–69
   Schärfmaschine 18, 40, 41, 42, 64
   Schärfmesser 17, 20, 40, 41, 42
   Schärfstein 18, 40, 41
Schere 19
Schilde 72
Schlaufe, Gürtel- 79

Stichwortverzeichnis

Riemen- 69
Schleifpapier 26
    Abdeckungen und 63
Schließband eines Schlosses 62
Schloß
    für eine Schmuckkassette, 26
    nicht sichtbar 67
Schlösser 25–26, 62–63
    anbringen 63
Schnallen 64–65
    für den Gürtel 78
    für Riemen 68–69
    lederüberzogene 64–65, 108
    Metall- 25–26
    Schärfen zum Anbringen von 40
Schnallenschlaufe 64
Schneidunterlage 15
Schnittkante
    Bearbeitung an Riemen 70
    flache Innentaschen 60
    Gestaltung 34–36
Schnitzen 75
Schnur für Griffe 70
Schrägsteppstich 46, 52–4, 55
Schrägstich 46, 54–5, 70
Schraubstock 26, 66
Schraubstock, Bank-, Feilkloben und kleiner 26, 66
Schraubzwingen 16, 59, 103
Schreibmappen 44
Schuhcreme, farblose 24, 31, 33
Schuhe 54
    Schuhoberleder formen 74
Schultertasche
    Entwurfsauftrag für die 28–29
    Projekt geformte 100–105
    Projekt große 110–115
    Projekt Schrägsteppstichtasche 96–99
    Projekt Überschlagtasche 90–92
Schusterhammer 16
Schustermesser 16
Schweinsleder 60, 70, 81
Schwertscheiden 54
Segeltuch zum Polieren der Kanten 34
Seidenzwirn 22, 108
Seil 70
Skulpturen 72
Spalt- oder Rundnaht 5
Spaltmaschine 19, 42–43
Sperrholz für die Formen 74
Spirituslampe 19

Spritzpistole 32
Stahllineal 19, 43, 58, 68
Stahlwolle 26
Stechzirkel 15, 36, 46, 63
Steine
    Kombinationsöl- 19, 26
    Litho- 34, 40, 41
    Schärf- 18
    Schärfen 19
Stempeln 75–76
Stiefel 54
Stoff 55
Streichriemen 19, 40
Stützklotz
    für eine Schachtel 53
    für eine Schrägsteppstichtasche 96
    für Taschen und Geldbörsen 52

Taschen
    Bugkante 41
    Einsatz 42–43, 58
    Entwurf einer Schultertasche 28–29
    geformte 73, 76
    geformte Schultertasche 100–105
    Griffe 70–71
    Innentaschen für Taschen mit Innenfutter 60
    Lederstärke 12
    mit D-Ring und Knopfniete 66
    Projekt große Schultertasche 110–115
    Projekt Schrägsteppstichtasche 96–99
    Quilttasche aus Kalbsleder 38
    rechtwinklig biegen 43
    Riemen für 68–70
    Schnallen 64
    Schrägsteppstich 52–54
    Verleimen von Bugkanten 44
Totgerbung 11
Trinkgefäße 72
Twist 22

Über Eck nähen 52–54
Überheben 50–51, 53
Überschläge, Knopfnieten für 66
Überschlagtasche 90–92, 86
U-förmiger Einsatz mit gesteppter Bugkante 57, 59
U-förmiger Einsatz mit Schnittkante 59
Umrechnungstabelle für Lederstärken 12

Umschläge 41
    Gesteppte Bugkante 38
Vegetabilgerbung 11–12, 31, 60, 72, 117
Verdünnen oder Schärfen 40–41, 64, 68–69
Verleimen 44–45
Verschlüsse 26, 58, 66–67, 91, 98
Verstärkungsmaterial 24, 70
    für Riemen 70
    Lieferanten 117
    Verleimen 44
Verstellbares Reifeleisen 36
Verzierung 75–76
Vlieseline 24
Vollnarben 12
Wandbehänge 72
Wärme zum Lederformen 73
4-Way Care von Fiebing 31
Werkzeuge 14–21
    für den Gürtel 78
    für den Quiltgürtel 106
    für die Brieftasche 87
    für die geformte Schultertasche 100–101
    für die Geldbörse 81
    für die große Schultertasche 110
    für die kleine Aktentasche 93
    für die Maske 83
    für die Schrägsteppstichtasche 96
    für die Überschlagtasche 90
    für die Vorbereitung von Metallbeschlägen 26
Werkzeuge Lieferanten 117
    nützliche 17
    wichtige 14, 16
    zum Verzieren 75
Wichtige Handwerkszeuge 14, 15
Winkel, Metall- 19, 43, 58

Zweiteilige Formen 74
Zange 18, 19, 42, 46
Zaumzeugmacher 55
Zickel 38
Ziege 39
Zirkel/Stechzirkel 15
Zugabe zum Umbugen 59, 70
Zurichten 31–39
Zuschneidemesser 16
Zuschnitt 29–30
Zuschnittschablonen 28–30
Zweiteilige Formen 74

Japanische Ledermesser

Schwedische Rentierlederprodukte

DICK
FEINE WERKZEUGE
www.dick.biz

Hochwertiges Handwerkzeug, japanische Sägen, Schneidwerkzeuge und Küchenmesser, Schärfsteine, Fachbücher, umfangreiches Kursangebot, neuer Webshop.

Kostenloser Katalog:

DICK GmbH, Donaustraße 51
94526 Metten, Germany
Tel. 0991-910971, Fax -910952
e-mail: info@dick.biz

Heiko Kappey
Lederhandel · Sattlereibedarf
Leder & Werkzeuge
Alles rund ums Leder

ECHTES LEDER

**Das aktuelle Angebot:
www.kappey.de**

Achardstraße 10 · D-31319 Sehnde / Hannover
Telefon (0 51 38) 70 99 91 · Telefax (0 51 38) 70 99 93
E-mail: info@kappey.de

Bo Bergmann

Messer-Scheiden selbst gemacht

Dieses Anleitungsbuch zeigt, wie man Messerscheiden aus Leder und Holz selbst machen kann, vom schlichten bis hin zu prunkvoll verzierten Modellen. Mit seinen Schritt-für-Schritt Beschreibungen und den zahlreichen Illustrationen ist dieses Werk absolut praxisgerecht. Hochinteressant für die in Deutschland immer größer werdende Gemeinde der Messermacher und Messerliebhaber.

144 Seiten, 21 x 24 cm,
401 zum Teil farbige Abbildungen, fester Einband
Best.-Nr. 9118 · ISBN 3-87870-676-6

Bücher für Handwerk und Hobby

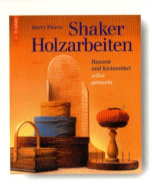

128 Seiten, 20,2 x 25,5 cm,
116 überwiegend farbige Abbildungen
und 40 Konstruktionszeichnungen,
flexibler Einband
Best.-Nr. 9216 · ISBN 3-88746-445-1

Kerry Pierce
Shaker Holzarbeiten Band 1
Hausrat und Kleinmöbel selbst gemacht

Das Buch enthält 20 Arbeitsvorhaben für Gebrauchsgegenstände aus Holz. Jedes der Projekte beinhaltet detaillierte Zeichnungen mit Maßangaben, eine Materialliste und Erklärungen zur Konstruktion. Von der Schöpfkelle bis zu der charakteristischen ovalen Shaker-Spanschachtel – in ein paar Wochenenden sind sie eigenhändig gemacht. Ganz nebenbei verrät der Text viel über die Philosophie und Lebensweise der Shaker.

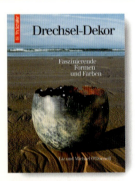

160 Seiten, 21 x 27,6 cm,
242 farbige, z. T. ganzseitige Abbildungen,
flexibler Einband
Best.-Nr. 9117
ISBN 3-87870-675-8

Liz und Michael O'Donnell
Drechsel-Dekor
Faszinierende Formen und Farben

Ein außergewöhnliches Buch, das zeigt, wie man gedrechselte Gefäße und Objekte in kleine Kunstwerke verwandeln kann. Eine Quelle der Inspiration für jeden Drechsler!
Michael O'Donnell besitzt einen hervorragenden Ruf als Drechsel-Lehrer, seine Frau Liz ist Designerin. Das Ehepaar hat eine attraktive und innovative Palette von Objekten entwickelt, die meisterliches Drechseln mit ausgefeilten Dekortechniken kombinieren.

128 Seiten, 19,5 x 25 cm,
280 meist farbige Fotos und Zeichnungen im Text, fester Einband
Best.-Nr. 9116 · ISBN 3-87870-678-2

Hans Mårtensson
Tore & Zäune mit Holz gestalten

Ein Anleitungsbuch mit vielen inspirierenden Farbfotos. Von verführerisch schönen Eingangspforten mit dekorativen Torflügeln und stilvoll gedrechselten Knäufen bis hin zu ursprünglich wirkenden Weidenzäunen und Umfriedungen aus Steinen – hier findet man tolle Vorbilder zum Nachbau.
Das Buch enthält Anleitungen zum Selbstbau von Toren, Zäunen und Gartenmöbeln.

Fordern Sie unser kostenloses Gesamtverzeichnis an.

Bücher für Handwerk und Hobby

216 Seiten, 21 x 22,8 cm,
334 z. T. farbige Abbildungen, fester Einband
Best.-Nr. 9122 · ISBN 3-87870-712-6

Wille Sundqvist
Schwedische Schnitz-Schule
Arbeiten mit Messer und Axt

In diesem ausführlichen Anleitungsbuch zeigt der Autor, wie man mit dem Schweden-Messer oder der Axt Gebrauchsartikel und dekorative Objekte aus Holz schnitzt. Aber auch die Arbeit mit anderen schneidenden Werkzeugen wie Schälmesser, Hohlbeitel und Bildhauereisen wird umfassend geschildert, ebenso das Schleifen und Abziehen der Klingen. Die auf althergebrachte Weise hergestellten Butterstreicher, Löffel, Kellen und andere Objekte sind praktisch und dekorativ.

96 Seiten, 24 x 22 cm,
163 farbige Abbildungen im Text,
fester Einband
Best.-Nr. 9113 · ISBN 3-87870-664-2

Birgit Østergaard-Jensen
Weiden flechten
Ein Grundkurs

In diesem Anleitungsbuch lernen Anfänger, wie man aus Weiden nützliche und dekorative Dinge flechten kann: tolle Korbmodelle, Vogelhäuschen, Kleintierbehälter, Blumentopfhüllen, Puppenmöbel und mehr. Schon Kinder ab 10 können beim Flechten mitmachen; ein Arbeitsvorhaben baut auf das andere auf, so daß dieses Buch auch eine ideale und praxisorientierte Lektüre für Flechtkurse ist.

72 Seiten, 24 x 22 cm,
über 130 farbige Abbildungen im Text,
fester Einband
Best.-Nr. 9218 · ISBN 3-87870-677-4

Tove Yde
Grünholz schnitzen
Ein kinderleichter Grundkurs

Ab 10 Jahren aufwärts einfache und rustikale Gebrauchsgegenstände selbst gemacht, vom Löffel über Wäscheklammern bis hin zu Spielzeugen! Das Schnitzen, so wie es dieses wundervoll aufgemachte Anleitungsbuch zeigt, ist ein Hobby, das im wahrsten Sinne des Wortes »kinderleicht« auszuüben ist. Etwas Phantasie und ein Schnitzmesser reichen aus; das Rohmaterial findet man vor der Tür, in Gärten, Hecken, Parks und Wäldern.

 **Verlag Th. Schäfer**
im Vincentz Network

Telefon (05 11) 99 10 - 012
Telefax (05 11) 99 10 - 013

Internet www.verlag-th-schaefer.de
E-Mail th.schaefer@vincentz.de

Post Postfach 62 47
30062 Hannover